华夏文明之源

陇 右 风 情

兰州黄河铁桥

LANZHOU HUANGHE TIEQIAO

方 荣 / 著

甘肃人民出版社

图书在版编目（CIP）数据

兰州黄河铁桥 / 方荣著. -- 兰州：甘肃人民出版社，2015.10
（华夏文明之源·历史文化丛书）
ISBN 978-7-226-04844-3

Ⅰ．①兰… Ⅱ．①方… Ⅲ．①公路桥－桥梁工程－史料－兰州市 Ⅳ．①U448.14

中国版本图书馆CIP数据核字（2015）第237798号

出 版 人：吉西平
责任编辑：张　菁
封面设计：马吉庆

兰州黄河铁桥
方　荣　著

甘肃人民出版社出版发行
（730030　兰州市读者大道568号）
甘肃新华印刷厂印刷

开本 787毫米×1092毫米 1/16　印张 7.5　插页 2　字数 93千
2015年11月第1版　2015年11月第1次印刷
印数：3 000
ISBN 978-7-226-04844-3　　定价：35.00元

《华夏文明之源·历史文化丛书》
编 委 会

主　　任：连　辑
副 主 任：张建昌　吉西平
委　　员（以姓氏笔画为序）：
　　　　　马永强　王正茂　王光辉
　　　　　刘铁巍　张先堂　张克非
　　　　　张　兵　李树军　杨秀清
　　　　　赵　鹏　彭长城　雷恩海
策　　划：马永强　王正茂

总　序

　　华夏文明是世界上最古老的文明之一。甘肃作为华夏文明和中华民族的重要发祥地，不仅是中华民族重要的文化资源宝库，而且参与谱写了华夏文明辉煌灿烂的篇章，为华夏文明的形成和发展做出了重要贡献。甘肃长廊作为古代西北丝绸之路的枢纽地，历史上一直是农耕文明与草原文明交汇的锋面和前沿地带，是民族大迁徙、大融合的历史舞台，不仅如此，这里还是世界古代四大文明的交汇、融合之地。正如季羡林先生所言："世界上历史悠久、地域广阔、自成体系、影响深远的文化体系只有四个：中国、印度、希腊、伊斯兰，再没有第五个；而这四个文化体系汇流的地方只有一个，就是中国的敦煌和新疆地区，再没有第二个。"因此，甘肃不仅是中外文化交流的重要通道、华夏的"民族走廊"（费孝通）和中华民族重要的文化资源宝库，而且是我国重要的生态安全屏障、国防安全的重要战略通道。

　　自古就有"羲里"、"娲乡"之称的甘肃，是相传中的人文始祖伏羲、女娲的诞生地。距今8000年的大地湾文化，拥有6项中国考古之最：中国最早的旱作农业标本、中国最早的彩陶、中国文字最早的雏形、中国最早的宫殿式建筑、中国最早的"混凝土"地面、中国最早的绘画，被称为"黄土高原上的文化奇迹"。兴盛于距今4000—5000年之间的马家窑彩陶文化，以其出土数量最多、造型最为独特、色彩绚丽、纹饰精美，代表了中国彩陶艺术的最高成就，达到了世界彩陶艺术的巅峰。马家窑文化林家遗址出土的青铜刀，被誉为"中华第一刀"，将我国使用青铜器的时间提早到距今5000年。从马家窑文化到齐家文化，甘肃成为中国最早从事冶金生产的重要地区之一。不仅如此，大地湾文化遗址和马家窑文化遗址的考古还证明了甘肃是中国旱作农业的重要起源地，是中亚、西亚农业文明的交流和扩散区。"西北多民族共同融合和发展的历史可以追溯到甘肃的史前时期"，甘肃齐家文化、辛店文化、寺洼文化、四坝文化、沙井文化等，是"氐族、西戎等西部族群的文化遗存，农耕文化和游牧文化在此交融互动，形成了多族群文化汇聚融合的格局，为华夏文明不断注入新鲜血液"（田澍、雍际春）。周、秦王朝的先祖在甘肃创业兴邦，最终得以问鼎中原。周先祖以农耕发迹于庆阳，创制了以农耕文化和礼乐文化为特征的周文化；秦人崛起于陇南山地，将中原农耕文化与西戎、北狄等族群文化交融，形成了农牧并举、华戎交汇为特征的早期秦文化。对此，历史学家李学勤认为，前者"奠定了中华民族的礼仪与道德传统"，后者"铸就了中国两千多年的封建政治、经济和文化格局"，两者都为华夏文明的发展产生了决定性的影响。

自汉代张骞通西域以来，横贯甘肃的"丝绸之路"成为中原联系西域和欧、亚、非的重要通道，在很长一个时期承担着华夏文明与域外文明交汇、融合的历史使命。东晋十六国时期，地处甘肃中西部的河西走廊地区曾先后有五个独立的地方政权交相更替,凉州(今武威)成为汉文化的三个中心之一,"这一时期形成的五凉文化不仅对甘肃文化产生过深刻影响,而且对南北朝文化的兴盛有着不可磨灭的功绩"(张兵),并成为隋唐制度文化的源头之一。甘肃的历史地位还充分体现在它对华夏文明存续的历史贡献上,历史学家陈寅恪在《隋唐制度渊源略论稿》中慨叹道:"西晋永嘉之乱,中原魏晋以降之文化转移保存于凉州一隅,至北魏取凉州,而河西文化遂输入于魏,其后北魏孝文宣武两代所制定之典章制度遂深受其影响,故此(北)魏、(北)齐之源其中亦有河西之一支派,斯则前人所未深措意,而今日不可不详论者也。""秦凉诸州西北一隅之地,其文化上续汉、魏、西晋之学风,下开(北)魏、(北)齐、隋、唐之制度,承前启后,继绝扶衰,五百年间延绵一脉","实吾国文化史之一大业"。魏晋南北朝民族大融合时期,中原魏晋以降的文化转移保存于江东和河西(此处的河西指河西走廊,重点在河西,覆盖甘肃全省——引者注),后来的河西文化为北魏、北齐所接纳、吸收,遂成为隋唐文化的重要来源。因此,在华夏文明曾出现断裂的危机之时,河西文化上承秦汉下启隋唐,使华夏文明得以延续,实为中华文化传承的重要链条。隋唐时期,武威、张掖、敦煌成为经济文化高度繁荣的国际化都市,中西方文明交汇达到顶峰。自宋代以降,海上丝绸之路兴起,全国经济重心遂向东、向南转移,西北丝绸之路逐渐走过了它的繁盛期。

"丝绸之路三千里,华夏文明八千年。"这是甘肃历史悠久、文化厚重的生动写照,也是对甘肃历史文化地位和特色的最好诠释。作为华夏文明的重要发祥地,这里的历史文化累积深厚,和政古动物化石群和永靖恐龙足印群堪称世界瑰宝,还有距今8000年的大地湾文化、世界艺术宝库——敦煌莫高窟、被誉为"东方雕塑馆"的天水麦积山石窟、藏传佛教格鲁派六大宗主寺之一的拉卜楞寺、"天下第一雄关"嘉峪关、"道教名山"崆峒山以及西藏归属中央政府直接管理历史见证的武威白塔寺、中国旅游标志——武威出土的铜奔马、中国邮政标志——嘉峪关出土的"驿使"等等。这里的民族民俗文化绚烂多彩，红色文化星罗棋布，是国家12个重点红色旅游省区之一。现代文化闪耀夺目，《读者》杂志被誉为"中国人的心灵读本"，舞剧《丝路花雨》《大梦敦煌》成为中华民族舞剧的"双子星座"。中华民族的母亲河——黄河在甘肃境内蜿蜒900多公里，孕育了以农耕和民俗文化为核心的黄河文化。甘肃的历史遗产、经典文化、民族民俗文化、旅游观光文化等四类文化资源丰度排名全国第五位，堪称中华民族文化瑰宝。总之，在甘肃这片古老神奇的土地上，孕育形成的始祖文化、黄河文化、丝绸之路文化、敦煌文化、民族文化和红色文化等，以其文化上的混融性、多元性、包容性、渗透性，承载着华夏文明的博大精髓，融汇着古今中外多种文化元素的丰富内涵，成为中华民族宝贵的文化传承和精神财富。

甘肃历史的辉煌和文化积淀之深厚是毋庸置疑的，但同时也要看到，甘肃仍然是一个地处内陆的西部欠发达省份。如何肩负丝绸之路经济带建设的国家战略、担当好向西开放前沿的国家使命？如何充分利用国家批复的甘肃省建设华夏文明传承创新区这一文化发展战略平台，推动甘肃文化的大发展大繁荣和经济社会的转型发展，成为甘肃面临的新的挑战和机遇。目前，甘肃已经将建设丝绸之路经济带"黄金段"与建设华夏文明传承创新区统筹布局，作为探索经济欠发达但文化资源富集地区的发展新路。如何通过华夏文明传承创新区的建设使华夏的优秀文化传统在现代语境中得以激活，成为融入现代化进程的"活的文化"，甘肃省委书记王三运指出，华夏文明的传承保护与创新，实际上是我国在走向现代化过程中如何对待传统文化的问题。华夏文明传承创新区的建设能够缓冲迅猛的社会转型对于传统文化的冲击，使传统文化在保护区内完成传承、发展和对现代化的适应，最终让传统文化成为中国现代化进程中的"活的文化"。因此，华夏文明传承创新区的建设原则应该是文化与生活、传统与现代的深度融合，是传承与创新、保护与利用的有机统一。要激发各族群众的文化主体性和文化创造热情，抓住激活文化精神内涵这个关键，真正把传承与创新、保护与发展体现在整个华夏文明的挖掘、整理、传承、展示和发展的全过程，实现文化、生态、经济、社会、政治等统筹兼顾、协调发展。华夏文化是由我国各族人民创造的"一体多元"的文化，形式是多样的，文化发展的谱系是多样的，文化的表现形式也是多样的，因此，要在理论上深入研究华夏文化与现代文化、与各民族文化之间的关系以及华夏文化现代化的自身逻辑，让各族文化在符合自身逻辑的基础上实现现代化。要高度重视生态环境保护和文化生态保护的问题，在华夏文明传承创新区中设立文化生态保护区，实现文化传承保护的生态化，避免文化发展的"异化"和过度开发。坚决反对文化保护上的两种极端倾向：为了保护而保护的"文化保护主义"和一味追求经济利益、忽视文化价值实现的"文化经济主义"。在文化的传承创新中要清醒地认识到，华夏传统文化具有不同层次、形式各样的价值，建立华夏文明传承创新区不是在中华民族现代化的洪流中开辟一个"文化孤岛"，而是通过传承创新的方式争取文化发展的有利条件，使华夏文化能够在自身特性的基础上，按照自身的文化发展逻辑实现现代化。要以社会主义核心价值体系来总摄、整合和发展华夏文化的内涵及其价值观念，使华夏的优秀文化传统在现代语境中得到激活，尤其是文化精神内涵得到激活。这是对华夏文明传承创新的理性、科学的文化认知与文化发展观，这是历史意识、未来眼光和对现实方位准确把握的充分彰显。我们相信，立足传承文明、创新发展的新起点，随着建设丝绸之路经济带国家战略的推进，甘肃一定会成为丝绸之路经济带的"黄金段"，再次肩负起中国向西开放前沿的国家使命，为中华文明的传承、创新与传播谱写新的壮美篇章。

正是在这样的历史背景下，读者出版传媒股份有限公司策划出版了这套《华夏文明之源·历史文化丛书》。"丛书"以全新的文化视角和全球化的文化视野，深入把握甘肃与华夏文明史密切相关的历史脉络，充分挖掘甘肃历史进程中与华夏文明史有密切关联的亮点、节点，以此探寻文化发展的脉络、民族交融的驳杂色彩、宗教文化流布的轨迹、历史演进的关联，多视角呈现甘肃作为华夏文明之源的文化独特性和杂糅性，生动展示绚丽甘肃作为华夏文明之源的深厚历史文化积淀和异彩纷呈的文化图景，形象地书写甘肃在华夏文明史上的历史地位和突出贡献，将一个多元、开放、包容、神奇的甘肃呈现给世人。

按照甘肃历史文化的特质和演进规律以及与华夏文明史之间的关联，"丛书"规划了"陇文化的历史面孔、民族与宗教、河西故事、敦煌文化、丝绸之路、石窟艺术、考古发现、非物质文化遗产、河陇人物、陇右风情、自然物语、红色文化、现代文明"等13个板块，以展示和传播甘肃丰富多彩、积淀深厚的优秀文化。"丛书"将以陇右创世神话与古史传说开篇，让读者追寻先周文化和秦早期文明的遗迹，纵览史不绝书的五凉文化，云游神秘的河陇西夏文化，在历史的记忆中描绘华夏文明之源的全景。随"凿空"西域第一人张骞，开启"丝绸之路"文明，踏入梦想的边疆，流连于丝路上的佛光塔影、古道西风，感受奔驰的马蹄声，与行进在丝绸古道上的商旅、使团、贬谪的官员、移民擦肩而过。走进"敦煌文化"的历史画卷，随着飞天花雨下的佛陀微笑在沙漠绿洲起舞，在佛光照耀下的三危山，一起进行千佛洞的千年营建，一同解开藏经洞封闭的千年之谜。打捞"河西故事"的碎片，明月边关的诗歌情怀让人沉醉，遥望远去的塞上烽烟，点染公主和亲中那历史深处的一抹胭脂红，更觉岁月沧桑。在"考古发现"系列里，竹简的惊世表情、黑水国遗址、长城烽燧和地下画廊，历史的密码让心灵震撼；寻迹石上，在碑刻摩崖、彩陶艺术、青铜艺术面前流连忘返。走进莫高窟、马蹄寺石窟、天梯山石窟、麦积山石窟、炳灵寺石窟、北石窟寺、南石窟寺，沿着中国的"石窟艺术"长廊，发现和感知石窟艺术的独特魅力。从天境——祁连山走入"自然物语"系列，感受大地的呼吸——沙的世界、丹霞地貌、七一冰川，阅读湿地生态笔记，倾听水的故事。要品味"陇右风情"和"非物质文化遗产"的神奇，必须一路乘坐羊皮筏子，观看黄河水车与河道桥梁，品尝牛肉面的兰州味道，然后再去神秘的西部古城探幽，欣赏古朴的陇右民居和绮丽的服饰艺术；另一路则要去仔细聆听来自民间的秘密，探寻多彩风情的民俗、流光溢彩的民间美术、妙手巧工的传统技艺、箫管曲长的传统音乐、霓裳羽衣的传统舞蹈。最后的乐章属于现代，在"红色文化"里，回望南梁政权、哈达铺与榜罗镇、三军会师、西路军血战河西的历史，再一次感受解放区妇女封芝琴（刘巧儿原型）争取婚姻自由的传奇；"现代文明"系列记录了共和国长子——中国石化工业的成长记忆、中国人的航天梦、中国重离子之光、镍都传奇以及从书院学堂到现代教育，还有中国舞剧的"双子星座"。总之，"丛书"沿着华夏文明的历史长河，探究华夏文明演变的轨迹，力图实现细节透视和历史全貌展示的完美结合。

读者出版传媒股份有限公司以积累多年的文化和出版资源为基础，集省内外文化精英之力量，立足学术背景，采用叙述体的写作风格和讲故事的书写方式，力求使"丛书"做到历史真实、叙述生动、图文并茂，融学术性、故事性、趣味性、可读性为一体，真正成为一套书写"华夏文明之源"暨甘肃历史文化的精品人文读本。同时，为保证图书内容的准确性和严谨性，编委会邀请了甘肃省丝绸之路与华夏文明传承发展协同创新中心、兰州大学以及敦煌研究院等多家单位的专家和学者参与审稿，以确保图书的学术质量。

《华夏文明之源·历史文化丛书》编委会
2014年8月

目录
Contents

- 001　作者自序
- 001　左宗堂的梦
- 007　升允的脸
- 012　彭英甲的实业
- 020　晚清甘肃守旧官僚的心病
- 029　清末北方的运输大景观
- 041　甘肃与西方经济技术合作双赢的第一个范例
- 060　清代晚期货币的智力大游戏
- 070　史论家的题
- 095　后话

作者自序

兰州黄河铁桥，兴建于二十世纪初的清朝末年，距今已一百多年的历史。悠悠百年，熙来攘往通过铁桥的行人、商旅、车马驼队和外国使节，不知凡几！兰州、甘肃、西北地区，乃至全国的政治、经济、军事、文化、外交的发展，因其便而获益者，更如秋水之淼淼！并至今仍老骥伏枥，负重不休。其用其利，不遑细说。

兰州黄河铁桥既兴，即负起交通运输的重任，随着交通运输事业的发展，又成为兰州、甘肃以至西北和全国交通运输的枢纽之一。而各项事业的发展又使铁桥的交通运输任务日益加重。直至新中国建立后的1958年和1959年，又先后建成兰州七里河黄河大桥和新城黄河大桥后，兰州黄河铁桥的交通运输任务才稍有减轻，1979年城关黄河大桥建成后兰州黄河铁桥才终于卸下交通运输枢纽的重担。此后，兰州黄河上不断修建新的黄河大桥，黄河铁桥的交通运输功能不断减弱，改革开放则使兰州黄河铁桥的新功能不断彰显出来。于是，从20世纪80年代开始，在兰州政协和其他一些会议上，不断有人呼吁，停止使用兰州黄河铁桥，将它作为文物和旅游景点加以保护。此后，兰州黄河铁桥先后被列为兰州市、甘肃省和国家重点文物保护单位，并于2005年改为步行桥。这种巨变，都源自兰州黄河铁桥的深刻文化内涵。

它是兰州的一道独特风景。八方逆旅初临兰州，于不经意间突兀看见黄河铁桥，会有一种"贫穷、落后的甘肃也有这样一座铁桥"的惊诧。继而产生"看一看"的冲动。近观铁桥，一股宏伟的气势直面扑来，立马联想到广州珠江大铁桥、杭州钱塘江大铁桥和哈尔滨黑龙江大铁桥，情不自禁地把经济发展悬殊、人文环境各异的四地划上一个等号，比三山五岳的古刹大庙和曲径幽竹更能在实用的角度和更广阔的层面上激发思古之幽情。

它是一座碑。建成伊始，就雄居着"天下黄河第一桥"的历史地位。是兰州几千年"皮筏舟渡"和搭建浮桥的历史与新中国建立后如抛彩带般架设起一座座现代化黄河大桥历史的分界线，使古代、近代、现代的历史，通过黄河兰州段上的各种桥梁如一年四季般展现得清清楚楚，没有黄河铁桥，一切就将模糊起来。其运行的兴衰，更是兰州和甘肃经济、社会发展的一个参照坐标。

它是兰州与西方经济、技术、文化碰撞、交流与合作的第一个结晶和产物。鸦片战争后，西方人进入甘肃进入兰州，其经济、文化的渗透，由来已久，但由甘肃人自主自愿的与西方人按照当时的国际商贸规则进行经济、技术合作，并取得成功，建设兰州黄河铁桥是第一例。它把隅居西北"地瘠民贫"的甘肃清政府官僚们落后保守的脑袋劈开了"一线天"，以至因"谏阻立宪"而丢官的陕甘总督升允，也要感叹："冬官既失，考工失传，外人奇技巧思，每可以宜民利用。而足辅我所不足，用人之长，亦奚足异？"由此以降，日积月累，时光淘蚀，到二十世纪后期，"一线天"开扩成改革开放的通天坦途，就是逻辑必然了！

它是一面历史的"三棱镜"。透过它，不仅可以看到兰州黄河铁桥自身的创建历史，而且清末兰州以至甘肃的行政、民政、财政、金融、交通、军事、外交、官场斗争、人民生活、市井百态，以及西方商人的种种手段、思想方法和做派等等，无不一一折射在我们的眼前。也折射出新中国、尤其是改革开放以来兰州、甘肃、西北以至全中国的发展变化。

正因为如此，近百年来，铁桥引得不少文人骚客咏叹、志传家记述和史论家的述评。更有大量的民间传说，随着时间的流逝，越传越奇，越传越神，越传越美。人们欣赏美好的传说，也敬重真实的历史。

档案是将人们引向真实历史的最佳途径。作为甘肃省档案馆的"兰州黄河铁桥档案全宗"至今完好地保存着。兰州黄河铁桥档案，是清末"甘肃全省洋务总局"在筹建兰州黄河铁桥过程中产生的，记载了铁桥从筹备、桥料运输、工程建设，到经费筹措、造报核销和铁桥使用维护全过程的公务文件。上自光绪三十二年（1906年）五月下迄宣统三年（1911年）四月，历时五年时间，系统完好，共568份原始文献。原分为"筹备案"、"运输案"、"经费案"三大部分，经整理组织成45个案卷，是兰州黄河铁桥创建历史最权威最可靠的第一手历史文献。这些文献已于2002年3月被国家档案局召开的"中国档案文献遗产工程"国家咨询委员会第一次评审会议评定为"中国档案文献遗产"之一，列入第一批"中国档案文献遗产名录"。兰州黄河铁桥究竟是怎样建成的？最有发言权的是兰州黄河铁桥档案。但是，黄河铁桥档案不但是用文言文写成，而且又有旧公文格式、用语和套语的致碍，难看难懂，不便于利用。

　　本书以档案为依据，以不虚构、不夸大、不缩小为原则，以史料性、故事性、趣味性、可读性为准绳，采用讲故事的方式解读兰州黄河铁桥筹备和建设中大大小小的问题，并广涉兰州黄河铁桥建成前后的有关历史。还需说明的是，书中的故事不仅不是"编"出来的，"写"出来的，也不是"抽"出来的，更不是"收集"来的，而是档案中原本就有的，只不过这些故事在档案中被碎片化了，这里一点，那里一块，看档案时，看了后面忘了前面，当然不见故事。现在把它们集中起来，按固有顺序排列好，故事就出来了。因此，这本故事对档案的覆盖率极高，可以说，除了一些不足为道的琐事外，兰州黄河铁桥档案中有意义的内容都在故事中反映了出来。读了这本故事，就等于阅读了全部兰州黄河铁桥档案。

　　既然书中的故事是从档案中来的，当然也就不是从社会上收集来的，这是这本故事不同于其他故事书的地方。大凡一件事，达到一定的规模和分量，就会产生和形成传说，并随着时间的流逝而数量增多，内容变得日益传奇，甚至离奇。这些传说，因其高度的文学化而显得非常好听和有趣。当然，传说也不是无风起大浪，它也是有一定事实根据的，甚至可以说，传说在根本上也是来自于档案，只不过传说的事实可以张冠李戴，它的有趣和离奇往往都是想象出来的，整个故事带有极大的主观虚构成分，正如大仲马根据一张会计档案账单虚构出一部惊险离奇的长篇小说《基督山恩仇记》一样。因此，传说属于文学的范畴，不属于历史。这在一般情况下人们是不难辨别清楚的。兰州黄河铁桥这么大一件事物，又存了百余年，当然少不了传说。问题是出于种种原因，有的传说被当做历史来宣传，有的传说被作为史实写进了历史著作和地方志，这就有违传说产生和流传的本意了。人们欣赏传说，但也需要历史。澄清历史，还历史以本来面目，也是这本故事的期望之一。

相信广大读者会喜欢这本书。

2014年9月于兰州

左宗棠的梦

光绪三十三年（1907年）十二月十九日，陕甘总督升允就创建兰州黄河铁桥事向光绪皇帝上了一个专门奏折，称："故大学士左宗棠前任陕甘总督时，已窃忧之，曾议建造铁桥，因洋商福克索价太昂中止。"宣统元年（1909年）六月，升允为兰州黄河铁桥竣工所撰写的《创建兰州黄河铁桥碑记》又云："昔左文襄公。督师度陇，固已忾焉忧之，曾议修建黄河铁桥，因洋商福克索价过昂，事遂中止。"这就是说，修建兰州黄河铁桥，最早是由左宗棠提出来的。

左宗棠原本湖南湘阴人，曾率领其湘南子弟与曾国潘一道长期镇压太平军和捻军，后任浙闽总督。他怎么会"忧"起兰州的黄河而议修黄河铁桥呢？

十九世纪六七十年代，甘肃和整个西北都是多事之区。其一，同治二年（1863年），继陕西回民起义之后，甘肃又爆发了规模更大的全省性大起义和灾民暴动，长达十二年之久；其二，同治四年（1865年），阿古柏在英国的支持下，率浩罕侵略军侵占南疆，并于同治六年（1867年）建立"哲法沙尔汗国"，自称"阿古柏伯克"，同治九年（1870年）又北侵北疆，新疆大部陷落；其三，同治十年（1871年），沙皇俄国出兵侵占伊犁地区。光绪四年(1878年)，清政府派崇厚出使俄国，崇厚擅自签订了丧权辱国的《里瓦几亚条约》。清政府又命驻欧洲大使曾纪泽进行外交斡旋，费尽九牛二虎之力，终以"探虎口而索已投之食，障川流而挽已逝之波"的悲叹向清政府交差。左宗棠就是在这种历史背景下来甘肃和西北的。

同治五年(1866年)，甘肃人的战乱经清政府几年的镇压，不仅没有平息，而且进一步发展，清政府损兵折将、兵变迭起、行政失控。八月，陕甘总督杨岳斌不得不以病奏请开缺，清政府就调浙闽总督左宗棠接替杨岳斌任陕甘总督。同治六年(1867年)正月，又加配左宗棠钦差大臣印，督办陕甘军务。老谋深算的左宗棠，经近一年的准备，在扫清潼关以东的捻军以后，于同治六年六月由潼关入陕，开始其镇压陕甘起义的征程。他采取步步为营、稳进稳打的军事部署和先剿后抚与边剿边抚的镇压方略，每得一地，先从军事、经济、行政、交通等各方面进行全面巩固，然后再图西进。前后用了七年时间，才于同治十二年(1873年)底将甘肃的战乱镇压下去。

同治十三年(1874年)四月，清政府谕左宗棠筹措关外（即新疆）军粮，随即又命左宗棠督办出关大军粮饷转运一切事宜，光绪元年(1875年)又命左宗棠以钦差大臣督办新疆军务。至此，西北的所有军政大权都操于左宗棠一人之手，其兵锋所向也由原来的陕甘战乱转而指向阿古柏和沙俄的外国侵略。由此，左宗棠的人格角色发生了根本性转变，以往所压抑的爱国主义精神，得到了突显和发挥的机会，"练兵制器，抵御外侮"。他一方面积极组织转运粮饷至新疆哈密屯储，并向哈密结集军队；另一方面，进一步发挥他先巩固既得地区，再图西进的策略，从经济、政治、军事、文化、教育、交通运输、军装甲械等各个方面，采取一系列有效措施和政策，对甘肃进行着力经营，以求把甘肃建成为西征新疆的牢固后方基地。但是，他无论是转运粮饷出关、向新疆结集军队，还是经营甘肃，都遇到同一个令人"怒焉如捣"的问题，这就是交通运输问题，而其瓶颈地段就是兰州的黄河津渡。

人们正在为渡河准备羊（牛）皮筏

兰州城北，濒临黄河，是向西向北通往甘州、凉州、西宁、宁夏各郡和新疆的唯一要津。固而，"轺轩传符，商贾征旅，肩摩毂击，相望于途。"但因黄河"中阻巨浸，行者苦之"。为解决这个交通梗阻问题，早自秦汉始，就常为军事行动而在黄河上搭建浮桥，随用随拆。平时则用皮筏渡送行人。自明代洪武五年（1372年）起，搭建兰州黄河浮桥渐成甘肃地方政府的常例，每年由皋兰县令负责招工备料，搭建兰州黄河浮桥，即有名的镇远浮桥。几百年来，拆建不卒。由于兰州地处高寒地区，黄河每年冬季要结冰，不仅损坏浮桥船只，而且黄河结冰后，行人车马也弃浮桥而从冰冻河面上直接过黄河，美其名曰"冰桥"。因此，"镇远浮桥"的搭建，一反南方冬建夏拆以躲过夏秋洪水的浮桥搭建规律，采用春建冬拆的办法进行。如此一来，问题接踵而来。其一，大大提高搭建、使用、维护浮桥的成本。如遇特大洪峰漂没浮桥，必造成一年两建的结果，其成本在常年的十倍以上，这在明清历史上已发生多次。搭建浮桥成为甘肃地方政府的一个财政负担，且每到夏秋季节，无论官府还是商民军旅，无不忧心黄河浮桥的存毁和交通的阻绝。其二，冬过"冰桥"，自然是老天恩赐，平坦宽阔，潇洒自由。但每年初冬和初春，河水将冻未冻、冰面将解未解之时，必造成浮桥不存、舟船不能渡、冰上不能行的交通阻隔时段。更有甚者，每年总有一些难耐等待而欲渡黄河的人们，从险象环生的薄冰上渡过，成功者固然有，冰裂塌陷而被黄河吞没的行人车马比比皆是，"病涉戕生"又成为官民长期挥之不去的忧虑和烦恼。凡此种种，归结起来，一是交通不畅，二是安全系数低，三是经费负担重，能不使人"怒焉如捣"吗？所以，长期以来，就有很多仁人志士皆称搭建浮桥"非长久之计"，要寻"一劳永逸之策"。

左宗棠是睿智之人，自同治十年（1871年）他进驻兰州后，对这些情况自然是洞若观火。可以说从这时起，左宗棠就萌生了概念尚模糊的在

| 兰州镇原浮桥

兰州黄河上修一座永固性桥梁的念头。当他受命督解关外粮饷和督办新疆军务后，以"师行风扫箨"为军事信条和用兵特点，其修建兰州黄河桥的欲望不仅日益强烈，而且逐步清晰起来。但可修不可修？怎么修？谁来修？这些问题既不清楚，也无从选择，只好深藏于胸，等待时机。光绪三年（1877年），当左宗棠进军新疆一举歼灭了阿古柏的军队，收复大部分地区后，又面对崇厚

明洪武十八年（1385年）所立铁柱（将军柱）

辱国和曾纪泽外交失败的局面，他简直怒火中烧，"强邻壁上观，狎伏一丘貉，老我且婆娑，勉司北门钥"。他要进一步经营甘肃，为收复伊犁地区做经济、军事准备。光绪四年（1878年），在安排好兰州制造局的造枪、造炮事宜的基础上，又决定创办兰州织呢局，以扬甘肃盛产皮毛之长，增强甘肃经济实力。他请胡光墉从德国购买全套织呢机器，聘请德国技师和技工。光绪五年（1879年）十月，德国技师史德洛米押送1200箱机器从上海经武汉来到兰州，十几名德国技师和技工也先后来兰。其中有一名叫福克的技术人员，很受左宗棠的赏识和重用，让他和史德洛米事实上负责兰州织呢局的全部事务。这时，左宗棠通过和福克的接触与询问，逐步形成在兰州修建黄河铁桥的明确意向。于是，就在兰州织呢局的事务安排得差不多时，于光绪六年（1880年）初，正式提出筹建兰州黄河铁桥的问题，并与福克进行正式谈判，不料福克开口就要60多万

两白银，左宗棠鉴于甘肃财政困难只好中止。但左宗棠并未死心，他转而做长远打算。首先的一步棋，就是向清廷上了一道奏折，把他从1867年入陕甘以来干了十几年的修桥筑路问题提了出来，称"甘肃地内，自遭兵燹以后，千里萧条，河道沮淤，桥梁倾塌，农商行旅均以为苦，故命各军营修桥、铺路、种树、修城垣……"这实际是在为修建兰州黄河铁桥向清政府要钱开辟道路、制造舆论。

可惜的是，当左宗棠于光绪六年（1880年）六月出兵一举收复被沙俄军侵占的上伊犁地区以后，于当年十月便奉昭回京了。此后，他虽魂牵梦绕甘肃的方方面面，但修建兰州黄河铁桥一事，终因鞭长莫及而只能是一个不能实现的悠悠远梦。光绪十一年（1885年），73岁的左宗棠带着这个遗憾撒手人寰。

| 兰州黄河铁桥开建前原水面上架设的镇原浮桥

升允的脸

兰州黄河铁桥的创建成功，当时陕甘总督升允应该说是尽够了他的"领导责任"的。但与他同样尽责的继任者护督毛庆蕃和督宪长庚相比，有一个很大的不同点，就是升允赚足了面子。

首先，创建兰州黄河铁桥是在升允于光绪三十一年（1905年）走马上任陕甘总督后不到一年的时间提出来的，并在其任内筹备、开工建设。仅此一点，按照中国的传统观念，不管事实究竟如何，追本溯源，政绩第一功应归当地的最高长官，那当然是非升允莫属了。

光绪三十三年十二月十九日陕甘总督升允就修建兰州黄河铁桥及其经费来源事上奏皇帝并于同月二十八日扎甘肃三司和农工、厘金、洋务总局

其次，从升允的政治轨迹看，他于宣统元年（1909年）五月因"谏阻立宪"被开缺而移居西安；宣统三年（1911年）辛亥革命爆发后，陕西宣布独立，升允主动与长庚联系，将甘肃军队组织成保皇军与陕西革命军对抗，在清帝宣布退位后，还和革命军打了几个月的仗。总地看，升允是个保守派人物，也非洋务派之属。但从彭英甲所著《陇右记实录》看，他有一个优点，就是办事果绝并讲求实效。

| 光绪三十四年二月二十日陕甘总督升允就其奏书获朱批札甘肃三司和农工商矿局洋务总局

升允走马上任陕甘总督之时，正是清政府推行所谓"新政"之际，他作为忠于清廷的旧官僚，自然和其前任松蕃一样要在甘肃推行"新政"，但又不知从何做起。光绪三十二年（1906年）初，洋务派人物彭英甲以兰州观察使分巡兰州，在升允询问其在辽沈办理交涉事宜情况中，发现彭英甲是位有胆有识、重事实、讲实效的官员，就决心在"新政"事务上依靠彭英甲。在彭英甲的策划下，很快形成涉及洋务、学务、榷务、织造、钱法、卫生和农、工、商、矿等各个方面的一系列项目计划和措施，其中就有修建兰州黄河铁桥的建设项目。升允大喜过望，便于同年四月让彭英甲以兰州道创设甘肃农工商矿总局，并任总办，兼甘肃

洋务总局和甘肃厘税统捐总局督办。彭英甲说干就干，于同年五月，趁天津泰来洋行经理喀佑斯游历来甘时，马上启动创建兰州黄河铁桥工程项目，与喀佑斯订立包修合同，并终至建设成功。升允不仅从中赚下了"善于用人"的政治资本，而且，彭英甲把这一切均看成是升允对他的"知遇之恩"，在讲话、为文、撰著中，无不把一切都归功于升允，极尽溢美之能事，以为报效，对升允可说是处处给足了面子。

宣统元年六月陕甘总督升允为兰州黄河铁桥建成撰写的碑和碑文

于是，就纷纷飞播"升宪督陕甘、百废俱兴"等等说词。

升允所得的面子尚不至此。在修建兰州黄河铁桥过程中，升允也利用一切机会来赚取个人面子。光绪三十三年（1907年）十二月十九日，升允出面就创修兰州黄河铁桥给清廷上奏折，这虽是职权所在，但他在奏书中毫不客气地把创修兰州黄河铁桥作为自己的"大手笔"来进行描述："奴才即任后，查悉情形，思葳前人未竟之功，以为一劳永逸计，屡与司道筹划……于光绪三十二年九月十一日订立合同，签字分执……"铁桥建成后，在彭英甲的推拥下，升允为铁桥撰写了《创建兰州黄河铁桥碑记》，不仅把建桥功劳揽于自己囊中，"余于乙巳夏，持节而来，询悉情形，相渡河势，每重申前议，利济是图。"而且一竿子把其他人扫除于铁桥成功之外，"凡民，可与乐成，难于图始"。至

| 009 |

于建桥过程中的迎来送往，那自是少不得升允。其中，尤其值得提及的，是光绪三十四年（1908年）马达汉过兰州。

| 光绪三十四年升允宴请马达汉的宴会场面

马达汉是芬兰人，沙皇俄国军队上校。1906年受俄国军队总参谋部参谋长帕里琴的派遣，带着"刺探军情，查明虚实"的间谍任务，以旅行的名义从新疆喀什噶尔入境，途经南北疆，于1908年3月来到兰州，受到升允的热情接待，让马达汉拍摄了包括正在修建中的兰州黄河铁桥在内的大量实景照片。3月12日，升允又设宴招待了马达汉，并请修建兰州黄河铁桥的美、德工程师作陪，拍摄了以升允为主、马达汉为衬、其他人为背景的特写照片。1918年至1951年，马达汉先后任芬兰国家执政官、三军总司令、共和国总统。1990年，芬兰—乌尔戈学人文科学丛书出版了《1906—1908年马达汉西域考察图片集》，升允这张特写照片赫然以大幅面载于该图片集的第129页。于是乎，升允就成为晚清留下真容并载入世界书刊的少有官员之一，并传之永远，这要算升允捞到的最

大的面子了。

事实上，面子终归是面子，终究难于主导历史，最多只是历史的小侧面和花絮，常是可以一笔带过，甚至可忽略不记的。1938年左右，甘肃有人写了一本《甘肃生产建设之过去、现在与将来》的专著，其中也论及创修兰州黄河铁桥。该书明确指出：二十世纪初的甘肃生产建设，"百废俱兴，盛极一时"，"虽由陕甘总督升允肇其端，实际上负责详细计划与执行者，为兰州道彭英甲"。而且，该书在体系设计上，第一部分称"左宗棠时代"，第二部分就直称"彭英甲时代"，将升允的面子扫地出门。

彭英甲的实业

从历史事实看，兰州黄河铁桥的创修及其成功，应归功于彭英甲。因为，创意是他提出来的，经费是他进行榷务改革后增收的四十万两白银中筹集出来的，事情是他带领起一班人干的，困难是他想办法克服的，对外交涉是他亲自出面斗争获胜的，达到了事必躬亲的地步。不过说真的，彭英甲还真没有把修建兰州黄河铁桥成功看得多么重要。因为，他更看中他要在兰州兴办的整个实业，至于兰州黄河铁桥，他只是把它看成是他要兴办的实业中最后的一个小小的组成部分。

彭英甲，汉族，河北承

甘肃省档案馆所存佚名人士于1938年左右所著《甘肃生产建设之过去、现在与将来》一书的一部分

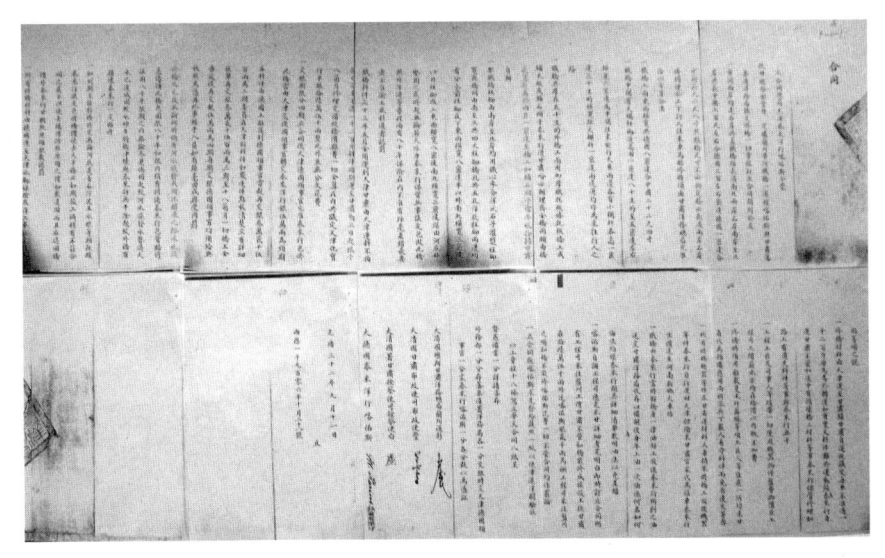

光绪三十二年九月十一日甘肃高官与天津德商泰来洋行喀佑斯包修兰州黄河铁桥的正式合同

德地区铁岭人，字炳东，号铁函。曾受西洋学术训练，对于西方经济学亦有研究。推崇西洋科学技术，来兰州前曾在辽沈办理对外交涉事宜，具有一定的外交工作经验。他是一个讲新政、习洋务、讲实际、重实效、思路清晰、办事果断、有魄力的洋务派官员。因受陕甘总督升允的赏识和重用，自始至终，与升允有知遇之恩的不解情结。光绪三十二年（1906年）初，以观察使分巡甘肃的身份来到兰州，后任兰州道。从当年的四月开始，以兰州道为基础职务，身兼甘肃全省农工商矿总局总办、甘肃洋务总局总办、甘肃全省厘税（或称厘金）征捐总局督办、农工商矿部议员，还兼任其创办的多个局、厂的主管职务。宣统元年（1909年）曾任甘肃按察使；宣统三年（1911年）二月，改任劝业道。辛亥革命爆发后，升允勾结长庚组织进攻陕西革命军的军队自任统帅时，彭英甲曾自请担任前敌营务处总办，清庭改授陕西布政使，随军赴陕西。清帝退位后返回兰州，任了一年甘肃共和政府的布政使。

马达汉所摄兰州官报书局的印刷车间

此后何去何从，无可确考，不知其所终。

  彭英甲来兰州之初，"睹陇右财力之艰，夙夜兢兢……乃复潜心默察情形"。经过一段时间的调查研究，一反长期以来"甘肃地瘠民贫"的传统观念，得出甘肃"矿产富饶，物产丰富"，"财力之艰，非由地方之瘠苦，实于实业之不兴"的结论。于是，他针对甘肃"商情涣散，矿业久封，农惰工窳、民智不开"、"故步自封"的实际情况，很快形成"官家先为之倡"，以"兴利惠工，讲求土货制造，以示提倡，开风气，保利权，塞漏卮为要义"，期"睿民智而阔利源"的振兴甘肃实业的思路，提出了21条甘肃实业的措施和项目计划，并按照"不事搜求，可以致富；不言抵制，可挽利权"。其要领不外乎"生之者众，为之者急"，"殚无数之经营"，"收美利而救贫窘"，以立"商战之基"的理念，次第开办。光绪三十二年（1906年）二月，创办蒙盐官局；四月，办理农工商矿务局，筹设督垦局，设立甘肃商务总会、农务总会、商品陈列所、农业试验场、化验室，并创办农矿学堂；五月，创办劝工厂，下设绸缎厂、织布厂、裁缝厂、玻璃厂，筹办创修兰州黄河铁桥事宜；九月，厘订榷政，进行榷务改革；十一月，开办官报书局；十二月，筹议木材统捐，开办兰州机器织呢局和官银钱局，创办窑街官金铜矿场和艺徒学堂。光绪三十三年（1907年）五月，实行进口百货统捐；十二月，创办官铁厂。光绪三十四年（1908年）十一月，开办洋蜡胰子厂。宣统二年（1910年）三月，试办船政。如此等等，

喀佑斯写给彭英甲的信

1907年驻京桥料委员张钟骏就在京津请领甘肃提学使司印信，采购厂矿设备原料等事给彭英甲禀

可谓雷厉风行，全面推进，百废俱兴。其中，机器织呢局、官金铜矿厂、官铁厂、洋蜡胰子厂、官报书局、石印书局、黄河铁桥等，都尽可能引进并采用西洋技术和设备。各项实业所用经费，有据可查者，共兰平银372369两，库平银375041两。其中，来自统捐长收者兰平银166169

| 015 |

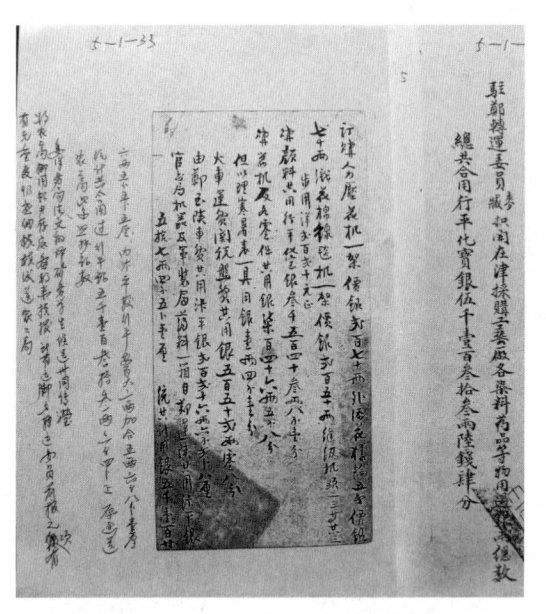

麦臧二人上报在天津采购兰州工艺厂各染料等用品所用银两总数

两，库平银354375两，借用外资二十万两。

从彭英甲举办实业的日程（前述日程均系各项实业和措施开始筹办的日期）可以看出，修建黄河铁桥不是孤立进行的，而是和其他各项实业的创办穿插进行的。所以，在兰州黄河铁桥档案中，也有购买和运输其他实业设备、材料和向外省出售甘肃实业产品的记载。彭英甲所举办的实业及采取的财政、金融措施，应该说在当时是见了实效的。如厘订榷政，第一年即长收白银40多万两；劝工厂的产品在光绪三十三年（1907年）就由铁桥料件转运人员在京津和武汉推销出售；各类学堂培养了一批"中学"和"西学"兼备的新型人才；机器织呢局生产的各色粗细呢料日产50丈左右，还有毛毯，均运销全国；官金铜矿厂日产黄金20两，铜2090斤；官铁厂生产出生熟铁10万斤，制造了一批农具和生活用品，并为黄河铁桥生产了3256.5斤的一批配件；洋蜡胰子厂也颇著成效，生产出上等洋蜡、香胰、细胰和次等粗胰、缠头胰等产品；官报书局出五日刊，石印书局印行各种古今书籍、碑帖、图表，均能获利；劝工厂每日织大布十余丈，陇缎宁绸数丈，制造洋花式牛羊皮十余张以及数量不少的栽绒、兵鞍、皮靴、卤漆、木铜器皿和蒲扇、草帽等等。兰州黄河铁桥的创建就更为成功了。还有船务，开通航路620余里，

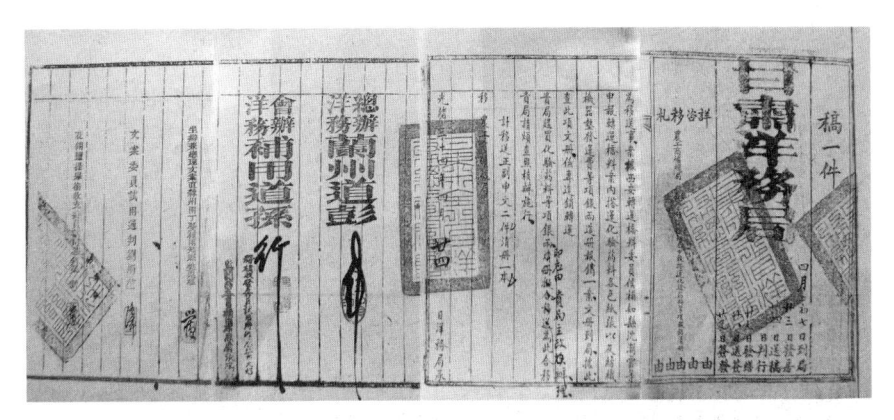

光绪三十四年四月二十四日甘肃洋务局就西安转运站申报搭运织呢局化验品等项经费致厘税局的移文

造船9只,船可从西宁直下包头。无怪乎彭英甲底气十足地说:"甘肃创办各项要政,步武东南各省,力任其难,迥非有名无实者可比。"

彭英甲虽为清末封建朝廷命官,且从根本上未能超乎洋务派"官办"实业的窠臼,但他是用经济头脑,按照经济规律去办实业的,其中还不乏创造性。比如,无论对内对外,都采用合同制,并根据不同的实业项目,订立不同方式的合同,明确合同标的和期限,详定双方的权利和义务,确定付款方式和步骤,规定违约处置方法等等。合同一经签定,就是双方行为准则,绝不轻易改动。修建黄河铁桥,他针对原材料和技术均需从国外引进,且我方不懂技术的事实,采用包修合同的方式,但又把我们能做好的桥料运输留作我方责任,体现了扬长避短的原则。同时,他把注意的重点放在经费总量、建桥规格质量、期限及合同执行上;首先抓好我方责任的履行,处处使自己处于合同的主动地位;然后以合同为据,据理力争,迫使对方履约,终于使黄河铁桥保质、保量、按时建成。其中,不乏细致和精明,比如在合同规定桥价时,"统桥价、杂费,一切全算在内,共议定天津化宝行平银16.5万两整。此外并无分文花费。"这一规定把德商种种转嫁负担的伎俩一下子给杜绝净

承办窑街官金铜矿场的比利时人林阿的后人来兰州寻访故人故地

尽。在规定付款步骤时，规定四期付款，且最后五万两须至桥竣工后付给。使德商无论何时毁约，我方都不吃亏，即使建桥不成，我也拿到了桥料。在规定桥料从天津至兰州的运输时，虽由我方负责转运，但每件超过1200斤时，须由德商自运，"甘肃不管"。事实证明，这些规定具有极强的针对性和预见性，对保障铁桥建设成功具有重要意义。否则，后果不堪设想。至于其他实业项目，在坚定不移地利用外国技术人员和资金的前提下，他针对各项实业均属"官办"的特点，把请来的外国技术人员都聘为甘肃地方政府的职员，明确每人的专责和兼责，并签定合同。使外国技术人员在行政体系上是彭英甲属员，既指挥灵便，又不能互相推诿，工作饱满而繁重，每人都像一颗螺丝钉一样被拧在彭英甲高速旋转的飞轮上，无法像"客人""顾问""旁观者"那样，站在旁边指手画脚。当然，待遇是很优厚的。但如因故辞退，或自请辞职，则回国川资和来去各增发两月薪水便一律不给了。如此办法，既合情合理，又保证外国技术人员能尽职尽责，并善始善终，一个字，绝！还有更绝的是利用外资，窑街官金铜矿厂全是利用比利时商人林阿德的20万两资金办起来的，合同规定：先由林阿德垫付各项资金，待机器安装好生产一年后，由甘肃地方政府从获利中陆续归还；如铜厂不能每日出红铜一万斤或不能获利，甘肃俱无还款义务。这就把外资商人和甘肃政府捆到一起去承担风险。结果，官金铜矿厂因矿砂质量低劣，又运输不便，因而入不敷出，开办不到一年即停产。彭英甲无还款之忧并轻松度过难关，而狡猾的林阿德却偷鸡不着反蚀把米。

然而，彭英甲所举办的实业，除官报书局和石印书局能获利外，其他局厂或因原材料太差，或因机器设备和产品的长途运输导致成本过高，或因交通不便而销售不畅，不得不停办，终至失败。只有黄河铁桥的建设取得了成功，并惠泽后人，直至于今，成为彭英甲于二十世纪初在甘肃掀起二十世纪第一个开发高潮的唯一遗存。按照彭英甲的理想，"精心果力，技术永久，实业发达，正未有艾耳"，并且"异日者，专门名家学堂中，必有人才杰出，为农学家，发明新理；为矿学家，增测远质；是又陇上之特色而为余所殷殷属望也夫"！然而这一切，均随着彭英甲在辛亥革命时，因受洋务派的本质局限，兴许是为报升允知遇之恩的狭隘恩怨观所累，而坠入保皇党泥潭，成为清政府的殉葬品而全都化作泡影。只是后来的人们，每当看见和提起兰州黄河铁桥，就不能不记起彭英甲，记起他振兴甘肃的种种努力，回味无穷。

晚清甘肃守旧官僚的心病

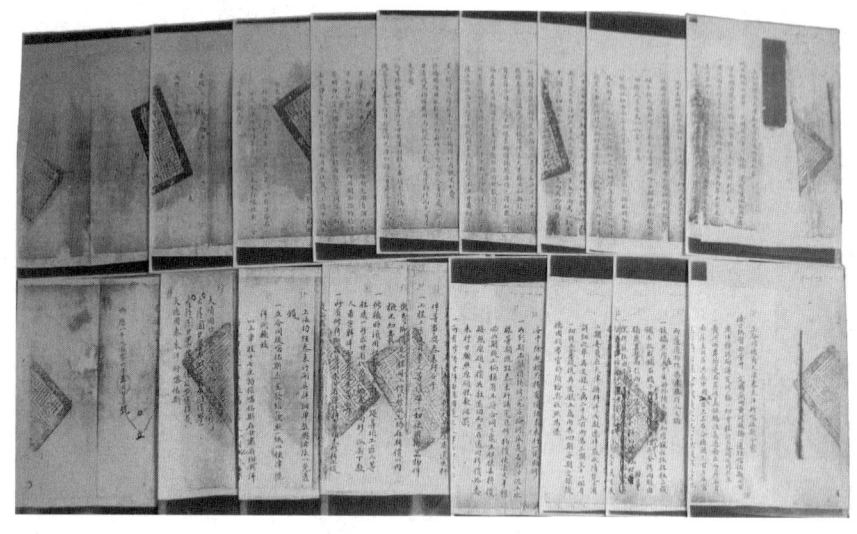

光绪三十二年五月泰来洋行包修兰州黄河铁桥合同的底稿与正本

兰州黄河铁桥的创建,首先遇到的障碍,就是当时甘肃地方政府中守旧官僚们的刁难和阻挠。

光绪三十二年(1906年)四月,当天津德国泰来洋行得知甘肃推行"实业新政"后,三十年前左宗棠曾与福克议修兰州黄河铁桥流产的往事又重新燃起商机的欲火,旋即派喀佑斯以"游历"为名来兰探察虚实。未料踌躇满志振兴甘肃实业的彭英甲，也正好针对甘肃交通的实际需要，把创建兰州黄河铁桥作为振兴甘肃交通运输业的建设项目之一，并以葳左宗棠旧愿之名向陕甘总督升允提了出来。甘肃地方政府与德商各自的意向早已聚焦成一点——修建兰州黄河铁桥。所以，当喀佑斯于五月初来到兰州时，有备而来的双方一接触，很快就形成并草签了由泰来洋行包修兰州黄河铁桥的合同，一俟陕甘总督升允批准，双方便可按合同进入修建兰州黄河铁桥的合同实施阶段。其实，彭英甲的建桥计划早已得到升允的赞同和首肯，所谓批准，只不过是履行行政程序和手续而已。然而升允并没有批准这个合同。

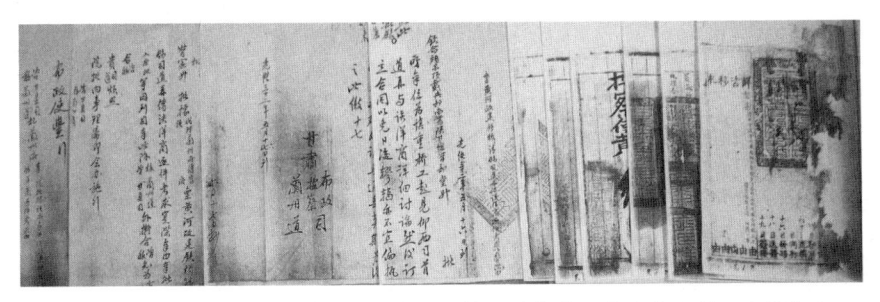

光绪三十二年五月至九月甘肃各色高官处理傅秉鉴条陈而产生文电的一小部分

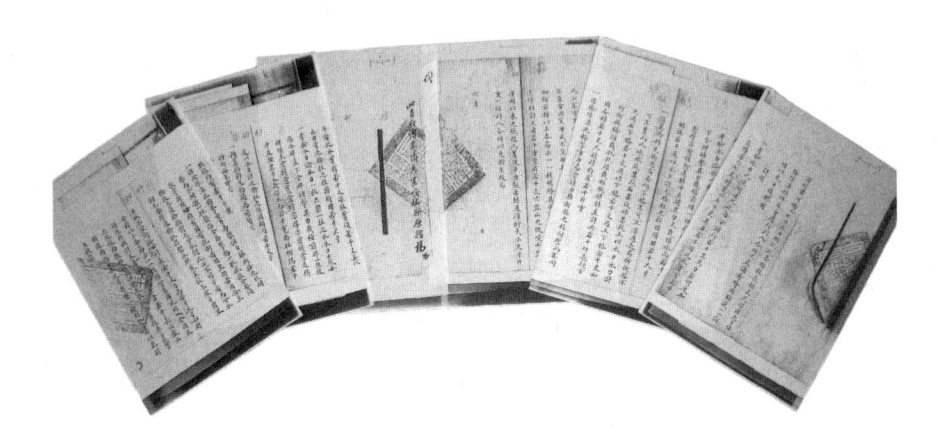

光绪三十二年六月傅秉鉴的条陈正副本编

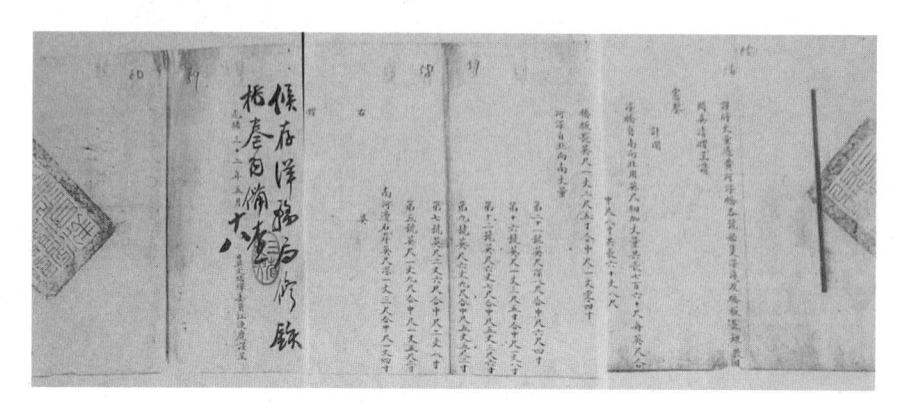

光绪三十二年五月十八日日英文翻译江连庆对浮桥及相关事物的测量报告

原因是，当合同详请升允批示，并咨移甘肃藩、臬二司和农工商矿、厘税统捐局两总局及兰州府后，一石激起千层浪，在甘肃和兰州地方政府中引起了一场修与不修兰州黄河铁桥的大论战。按升允在《创建兰州黄河铁桥碑记》中所说，是"群相疑阻，胥动浮言，甚有谓为无成，冀其言之必验者"。争论相当激烈。可惜这场论战没有纪录，反对派的观点无从得知，从升允的话看，似有策略反对派（疑阻）和蛮横反对派（谓为无成）两类。其中最难对付的是策略反对派，他们绕着弯子反对，提出一大堆问题，把自己装扮成行家里手和为国为民负责的样子，振振有词，头头是道，哪壶不开提哪壶，寓怀疑、反对和刁难于问题之中，使你不能不豁出大量时间和他们进行周旋，从而达到阻挠建桥的目的。兰州府代理知府傅秉鉴就是策略反对派的一个代表性人物。当兰州铁桥包修合同详报升允审批时，他马上向甘肃潘、臬二司和升允上了一个条陈，摆着一副对上对下"负责"的姿态，以"专家"的口吻，提出了"考验"水力、冰力，"预算物料"，"保险做法"和运输困难等一大堆问题，并说，这些问题"必一一核明，绘具图说，列入合同"。而他所提出的一些问题，在当时是根本无法搞清楚的。比如他说兰州东面桑园峡"倒注之水，每分钟行若干里，其力若何，递加至积深六七丈，积宽六七十丈，其力若干倍"等等。桑园峡逼窄造成黄河水倒流和河面抬升现象，是百年一遇的事情，何时才能实测清楚呢？历史上，河水倒流，河面抬升，因黄河落差大，仅到兰州雁滩以东的滩涂就停止了，离位于上游的黄河铁桥桥址尚有好几公里，可说与建桥根本无关，他却要求非搞清楚不可，为的就是刁难。再如他提出要将黄河水结冰后向下的压力及冰排对桥柱的压力测量清楚，当

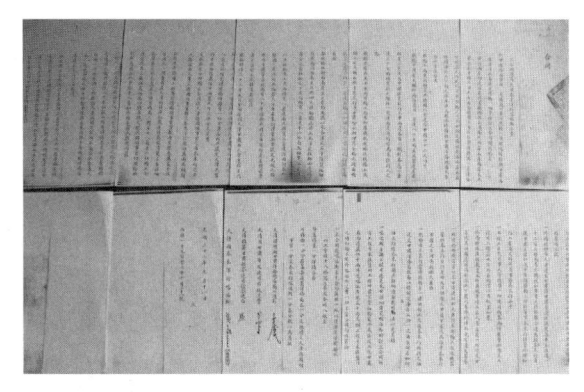

光绪三十二年九月十一日泰来洋行包修兰州黄河铁桥合同的正式签约稿

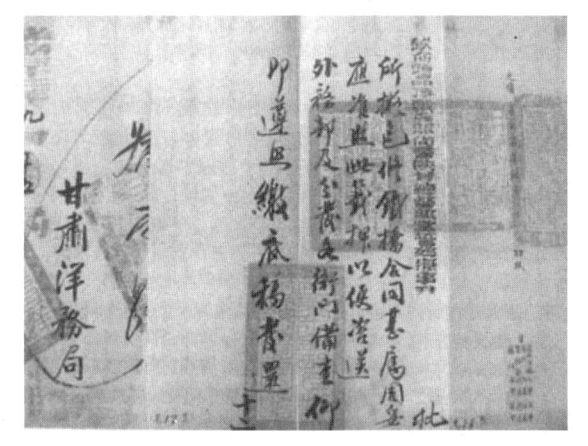

光绪三十二年九月十五日陕甘总督升允对建桥合同的批文

时已是五月，河面早已无冰，如要测定，只有等冬天来临，明摆着是要拖下去，使你建桥不成。其实，在傅秉鉴看来，他提的所有问题都是无法解决的，那你的桥也就建不成了。而这些问题对于彭英甲、升允及其支持者来说，则既是难题，又是不能置之不理的问题，只好暂缓签订合同。一方面派日英文翻译江连庆对浮桥长度及黄河水深进行测量，尽可能取得一些基本数据。另一方面，就找喀佑斯。喀佑斯并不懂工程技

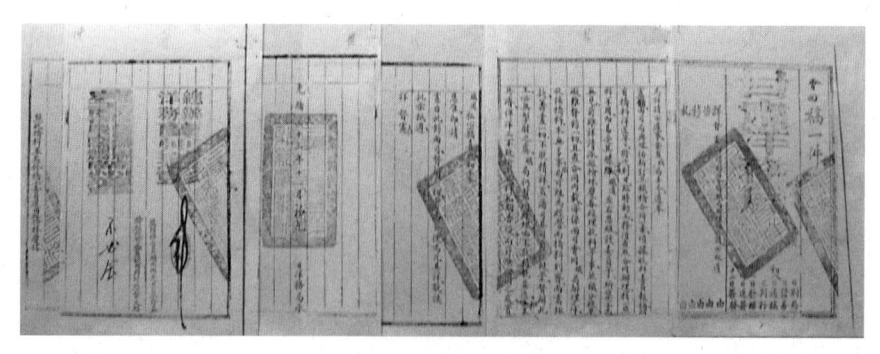

| 光绪三十三年十一月初九日，为顺利建桥彭英甲请求让藩臬二司督办桥工事致详陕甘总督升允

术，就从天津请来一个长期在中国境内修建铁路和桥梁的工程师法克，对傅秉鉴条陈所提出的问题——进行解决和回答，并再次提出，原拟桥价不变，"甘愿保固八十年"。于是，双方对原合同"添改数条，以期至臻妥善"，并于当年九月十一日正式签订由泰来洋行包修兰州黄河铁桥合同。这就是兰州黄河铁桥档案中，有两个时间相隔四个月而内容大同小异的包修兰州黄河铁桥合同的原因，它是创修兰州黄河铁桥过程中洋务派与守旧派短兵相接进行斗争的反映。斗争的第一个回合以洋务派的胜利告终。

| 光绪三十四年正在修建中的兰州黄河铁桥

斗争当然远未结束。在合同签字生效，双方进入合同实施阶段以后，保守派官员一刻也没有忘记给彭英甲制造麻烦，使彭英甲处处感到"掣肘"。有鉴于此，彭英甲不得不玩了一点小小的权术，采取

以退为进的策略进行斗争。光绪三十三年（1907年）十一月九日，当第一批桥料和建桥洋工华匠即将抵达兰州，黄河铁桥开工在即之时，彭英甲向升允上了一个详文，除了禀报建桥合同办理进展情形外，以甘肃潘、臬二台参与签订合同为据，提出要甘肃潘、臬二台"督办建桥"事宜，自己"帮同办理，必不敢稍耽安逸，和衷共济……如期告竣"。对此详文，升允是怎么批的，因副详已不存在（批文一般都批在副详尾白处），未可得知。但升允对彭英甲肯定是支持配合的。十二月十九日，升允就创修兰州黄河铁桥事上报光绪皇帝专折具奏，除了请求批准立案创修兰州黄河铁桥以外，并明确写道："查兰州道彭英甲，讲求新政，人颇开通，应即责成该道，将铁桥事宜一手经理，以竟全工。并派藩、臬两司，会同照料。

1908年刚开始修建时兰州黄河铁桥鸟瞰图

1908年正在建造中的兰州黄河铁桥侧视图

|1909年正在修建中的黄河铁桥

总期工程告蒇,利济行人。"奏折经光绪帝"钦此"朱批,创修兰州黄河铁桥就成了"奉旨办事",成为彭英甲对付保守派的"尚方宝剑",甘肃地方政府藩、臬两巨头也在"钦此"的光环中被牢牢地捆绑到彭英甲创修黄河铁桥的战车上,不敢懈怠。但既是彭英甲"一手办理",就不能横加干涉;既然藩、臬二台"会同照料"就是责任。不能以旁观者的姿态看笑话,指指戳戳,更不能越过彭英甲向上告"黑状"。这关键的一着将建桥中复杂微妙的人事关系来了个釜底抽薪,从而为黄河铁桥的顺利建设奠定了最基本也是最重要的政治基础和组织基础。

彭英甲不是得志便猖狂的小人。在实际运用这个政治条件和组织条件的过程中,既进行了充分利用,又处处做到谦恭、有理、有利、有节。每办事情,不忘把两台拉上;行文论事,总把藩台推到最前,臬台紧随,自己最后;大小事必咨知藩、臬二司,造成黄河铁桥系甘肃地方政府最高行政首脑布政使主持修建的形象,给足了藩、臬两台面子,并示人以三驾马车协调并进的祥和气氛，谁还敢在藩、臬台面前去自讨没趣呢？从而省却了很多不必要的麻烦。不仅仅如此，彭英甲还进一步作了发挥。他利用其身兼多职的条件，把农工商矿、厘税统捐、洋务三总局及兰州府统统拉到修建黄河铁桥的工作班子中来，并在不同的时间、地点，针对不同的问题，以不同的身份说话和行文，得心应手，运用自如。这些做法，使黄河铁桥建设的各项工作，无论是人员的调配使用，还是资金的筹集、拆借、核销，无不一路顺利，保障了黄河铁桥的顺利建成，也使他在甘肃创办的各项实业频频告捷，鞭炮声此起彼伏，一派生机。查阅黄河铁桥档案，一个明显的感觉就是彭英甲实际成为当时甘肃行政的中心，不管他职务怎么变，也不管他走到哪，各种大小官员和公文都是在围着他转。

1909年尚未合拢的兰州黄河铁桥和兰州城

当然，反对派是不会死心的。光绪三十四年（1908年）二月初十，兰州黄河铁桥正式动工开建。这对于反对派来说，已是"大势已去"。于是他们大多蛰伏起来，并以"事虽未成，势已不能中止者，圣人不言"来自嘲自励，深怀秋后算账的鬼胎，等待时机，窥测方向，以求一逞。

| 光绪三十四年三月初二日庄浪举人牛献珠为阻止铁桥建设而给彭英甲的禀文

自然也有不识时务跳出来挥舞螳臂的小丑，庄浪县举人牛献珠就是其中的一个。光绪三十四年（1908年）三月二日，他向彭英甲上了一禀，极言修建兰州黄河铁桥，只不过是"易木为铁，事少实际，徒饰美观"，实属"秕政"；是学习西人"尚铺张"，搞"道路舟车"，只是"洋洋乎大观"；修铁桥比搭建浮桥多"十倍之费"，且寿命"不过百年"，坏了再修，岂不"千百倍之费"，必成甘肃"漏卮"；有了铁桥，战争时"天险不存"，敌人可长驱直入省城，还便于敌人偷袭兰州，或便于敌人从上游船载木石顺流而下，沉塞桥下，造成洪水泛滥，等等，"应急停修"。他还像算命先生一样断言，甘肃省会迁移宁夏"本意中事"，因此，应把铁桥挪到宁夏去修，在兰州建铁桥是"虚郑一筹于无用之地"；进而危言耸听，说与外国人合作建桥，"必起交涉，无奈之何？"这当然吓不倒彭英甲，他用"语涉无稽"、"奉旨饬办"寥寥数语，就把牛献珠给开销了。

可见，创修兰州黄河铁桥，始终是保守派官员的一个心病。就是后来铁桥建成通车，在事实面前不得不"咸以去险就坦，易危为安称便，如出一口"，但内心深处却因大丢面子而耿耿于怀。对此，升允得出结论，"凡民，可与乐成，难以图始"，只是听惯了拍马屁话的官僚忘乎所以的胡说八道。那些保守派官僚何曾是"民"？又何曾真心"乐成"？

清末北方的运输大景观

修建兰州黄河铁桥，其原材料大至钢架钢梁、水泥，小至油漆、螺丝钉，无不从德国进口，海运至天津港。按照包修兰州黄河铁桥合同的规定："修建材料由天津运至甘肃，归甘肃自运。既议定每车不准超过一千二百斤，原为易于转运。如有重大料件，难以运动，归泰来行自运，甘肃不管。如途中有损坏桥上材料等事，泰来行保管修理。如路上有遗失料件等事，与泰来行无干。"在当时，除了从天津到郑州可通过火车运输转运桥料外，从郑州至兰州2000多里，则只能用马车进行转运。

为将大批铁桥料件从天津运到兰州，彭英甲在天津、郑州、西安三地组建了三个接收转运站。天津站委派候补知县张钟骏、试用巡捡傅晟为接收、转运桥料专职委员。光绪三十四年（1908年）四月十二日后，张钟骏回兰，又委派留日学生、候选知县赵毓岳替张钟骏任专职委员。下面配有从兰州带至天津的护勇4名，就地雇用夫役3名，在北京丰台临时货栈还雇有巡兵和栈夫。光绪三十三年（1907年）四月一日，张钟骏带着护勇离兰，五月二十日抵达天津，驻天津瑞林祥商号，并依据瑞林祥开展工作，负责接受、转运德商泰来洋行所交付的桥料，运至郑州，并完

| 光绪三十三年甘肃洋务局关于派人赴天津等地接受并转运桥料及其新工川资问题的部分文件

| 光绪三十三年甘肃洋务总局彭英甲有关桥料转运组织安排的一组档案文件

| 甘肃洋务局和郑州、西安桥料转运站为桥料转运的部分来往文电

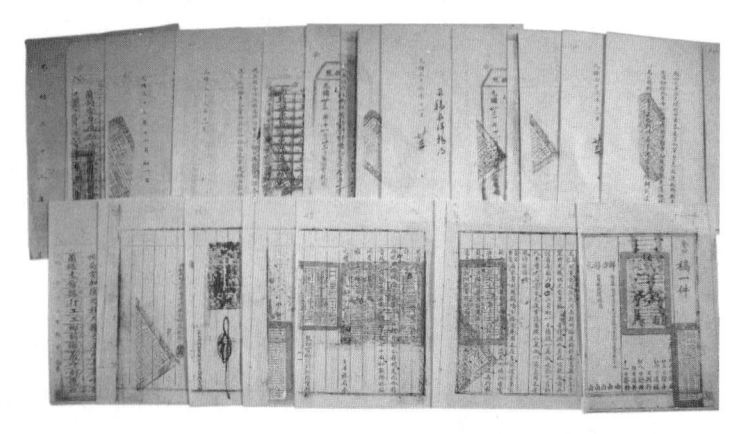

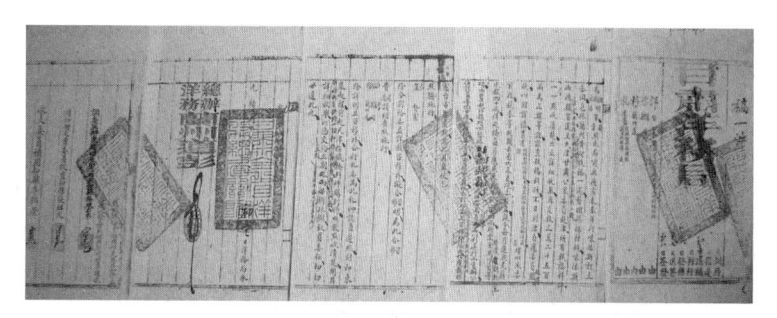

光绪三十三年三月初一甘肃洋务局就选派张钟骏、傅㝡二人为驻天津转运桥料委员事给陕甘总督的详并咨移札甘肃三司、兰州道及张钟骏二人

纳一应税收；按合同规定分期向泰来洋行交付桥价款项等任务，工作内容较多，但相对易于驾驭。郑州委派试用县丞麦方堃、典史臧炳文为接收转运桥料专职委员，下配司事2名；雇佣护勇2至45名，按需要增减，一般在20名左右，栈夫、巡兵均在其内。驻郑州火车站天宝（亦作保）栈，负责接收天津转运至郑州各种桥料，并组织人夫马车转运至西安，工作内容相对单纯，但人畜运转，情况复杂，较难控制。西安由甘肃驻西安统捐局代理转运桥料事务，委派该局候补知县王荣授（不久即换为候补知县沈朝云），试用府经历高镜寰为转运桥料专职委员。光绪三十四年（1908年）十月，沈、高二委员在甘肃驻西安统捐局外差期满返兰后，由试用知县刘启烈、候补州同易夒为转运桥料专职委员，依托甘肃驻西安统捐局开展工作，雇用护勇千名，负责接收由郑州运来的桥料，并组织人夫马车转运至兰州。工作条件相对优越，又近家门，办事较为顺手。兰州则委派巡检林庆椿为专管桥料并铁路监修委员，下配护勇管带1名，护勇12名，县差4名。负责接收和管理自西安运抵兰州的桥料，并交付泰来洋行驻兰经理（账房）德罗；保护住在兰州秦州试馆的外国工程技术人员和分住四处的华工与技术人员，并提供一些后勤服务；监修桥工，并采购一些急用建桥辅助材料等等，任务琐碎。由此构成一个

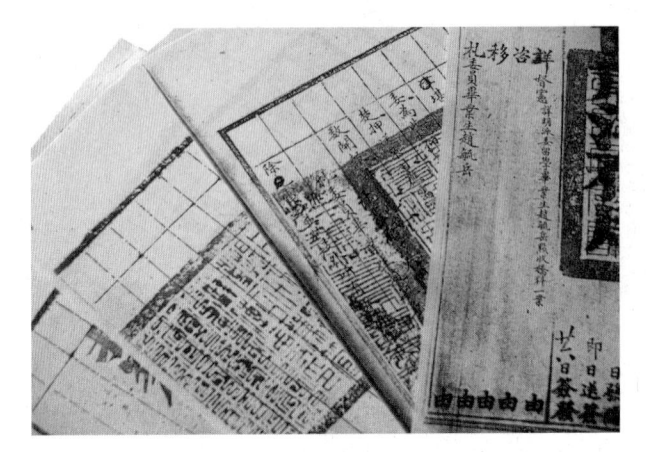

| 光绪三十四年四月十三日甘肃洋务局就委派赵毓岳接张钟骏任天津桥料委员给陕甘总督的详并札赵毓岳

| 光绪三十二年十月二日至光绪三十三年十月十日天津德国泰来洋行收到天津瑞林祥代甘肃交付的订金等

| 甘肃洋务总局就收到天津德国泰来洋行德文收款收据后给陕甘总督的详文

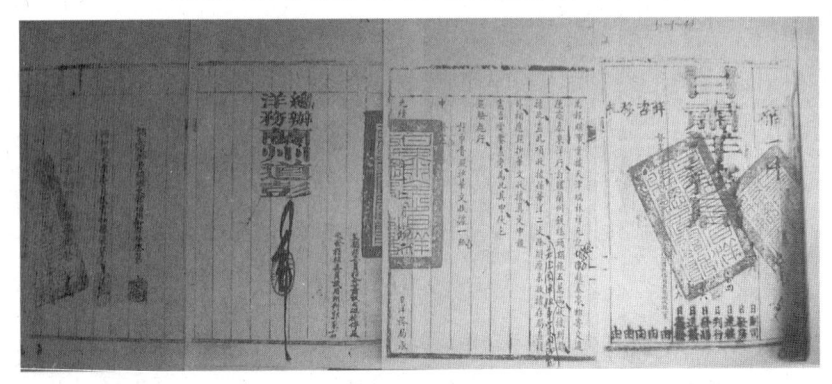

光绪三十三年三月初一甘肃洋务局委派麦方堃、臧炳文为郑桥料转运委员给陕甘总督的详并札二委员

自天津到兰州的桥料运输管理系统,环环相扣,宛如一个长达四五千里的桥料运输传送带,使桥料从天津港上岸后,源源不断地运至兰州目的地。

全部桥料购自德国,分三批前后海运至天津口岸。第一批为水泥、铁料,400多吨,于光绪三十三年(1907年)六月十六日(即简日)抵天津港;第二批为建桥用动力设备和各种工具,于同年七月抵津;第三批为铁桥护拦等铁料,于光绪三十四年(1908年)四月二十二日抵天津港。

天津转运桥料委员按泰来洋行提供的交货清单对桥料进行核对、验收后,首先在天津新、钞两关交纳抽五关税和二五子口税,同时在钞关完纳第一次直隶省税,验票入内地,再贴印花税票。然后,将桥料运至码头货栈,进行分批、编号。光绪三十三年(1907年)七月初三,向泰来洋行交付二期桥价行平化宝银3.25万两后即起动桥料的转运过程。雇人夫将桥料运至十里外的天津火车站,在经英国经营的京奉铁路运至北京丰台站。在崇文门统捐丰台分局交纳第二次直隶省税,再到直豫火车货捐专局完火车货捐后,经法国经营的京汉铁路向郑州转运。进入河南,还要在河南漳德府纳统捐,才能最后运抵郑州。嗣后向西的转运,再无

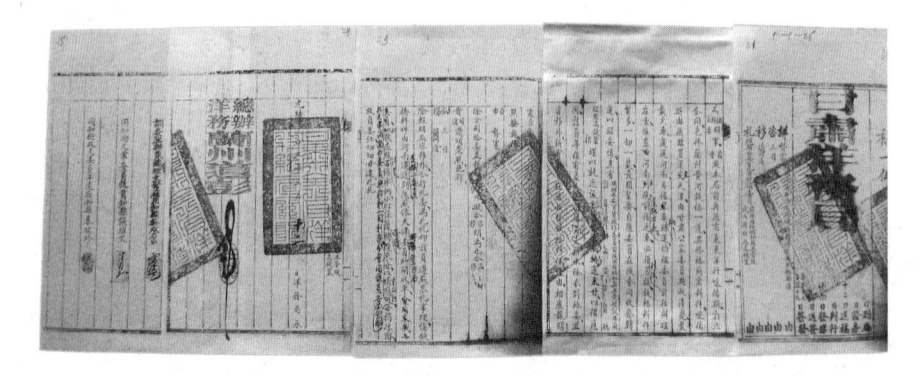

光绪三十三年三月十二日甘肃洋务局委派王荣绶高镜寰为西安转运桥料委员致陕甘总督的详并札该二委员

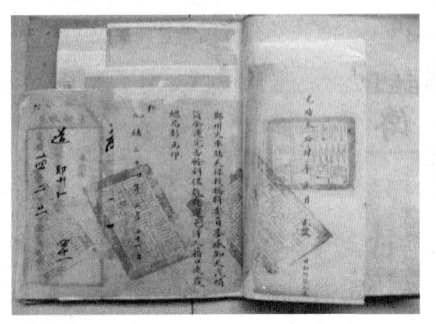

彭英甲催促郑州麦张二委员快运桥料的电报

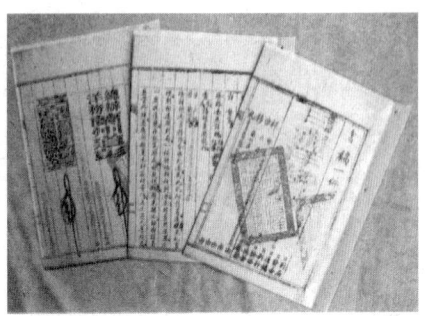

光绪三十三年十月十七日,彭英甲为派委林庆春为兰州专管铁桥料件并监修铁桥委员事致陕甘总督升允详

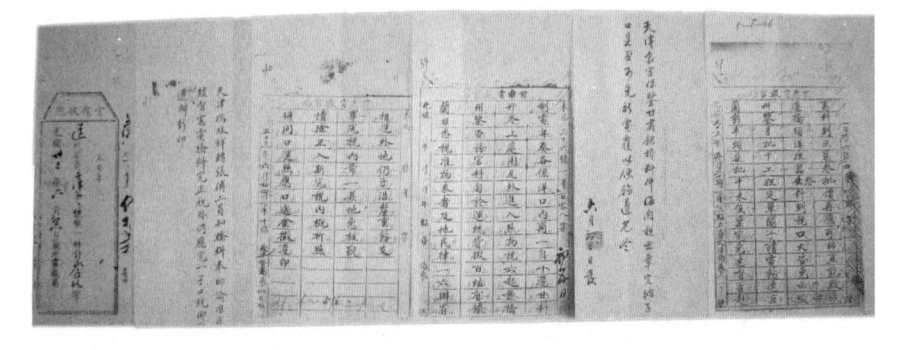

光绪三十三年五月六月有关天津桥料接收情况和纳税问题的来往电报

纳税问题。按此办法，天津转运工作直至光绪三十四年（1908年）十月才结束，前后经历一年三个月。第三期桥价3.25万两，也早于同年五月十九日第三批桥料验收后交付泰来洋行。

同年七月十八日，第一批桥料运抵郑州。经过一系列准备，八月初，郑州发动桥料转运过程，分批进行，连续发运。从八月初到十月中旬，共发运33批桥料。但因"连阴雨久，道路泥泞不堪"，常常车陷马翻。尤其是洛阳以西的渑池、新安、陕州等地，路窄崎岖，"艰逾蜀道"，弄得人伤马疲，难以行进。有的车夫将桥料卸下一半寄存路边人家，将一半缓慢运至西安后，再回来拉运另一半；有的车夫干脆将桥料全卸下来寄存民宅，就地另寻运输活计"盘短"，以待天晴再装车上路。如此一来，运输程序混乱，押运护勇滞留途中，不能回郑交差，郑州发运只好增加护勇，以致护勇总数增至45名。更使人忧虑的是桥料的安全，便派护勇沿途查验，并向车夫等提出"耽迟不耽错"的口号，在保证桥料不丢不坏的前提下，慢慢向西移动。如此前后两个多月，到十月中旬，运输前锋才抵达西安，到十一月初，运抵西安的桥料还不及郑州发运的一半。此后，虽因天气转晴而转运速度大为提高，但终因各种主客观因素而迟迟缓之态。于是，郑州转运就成为整个桥料转运和铁桥工程进度的关键。为保证铁桥建设和不违背合同规定，彭英甲除不断电函指导外，还于光绪三十四年（1908年）八月二十四日，札委千总王学礼带护兵8名，专差赴郑接运桥料，大大加快了郑州桥料转运的速度。是年十一月十六日，郑州转运站发运完最后一批桥料后撤销，从上年八月初起运算起，前后经历了一年又三个半月。

相对而言，西安转运就相对顺利。西安转运的有利条件较多：依托甘肃驻西安统捐局进行转运，如同住在家里办事，人地两熟，自然方便得多；陕西是陕甘总督的属地，一纸札文，各方开道；陕甘气候干燥，

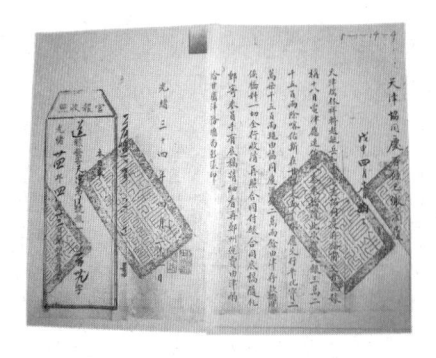

| 光绪三十四年四月二十三日彭英甲就第三期桥价三万二千两的给付方法致电天津桥料委员赵毓岳

| 西安桥料转运站为转运头批桥料各色经费由厘税统捐总局列收抵拨一事于光绪三十四年三月二十七日具申彭英甲和洋务局，甘肃洋务局于三十四年五月初二日致详陕甘总督

| 彭英甲与桥料西安转运站就桥料转运情况的来往电报

| 光绪三十三年十一月十六日甘肃洋务局为转运桥料车辆不许搭客载货札各转运站

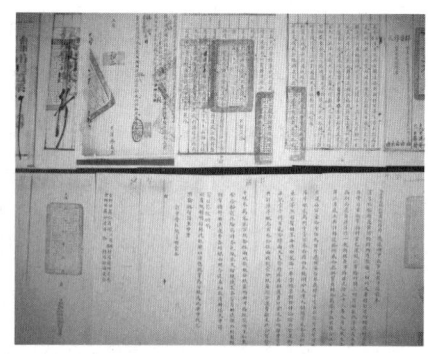

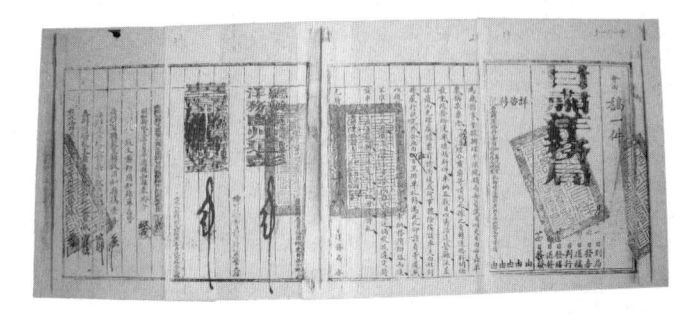

运输无气候障碍；西安至兰州，尤其是进入甘肃境界以后，沿途驻有不少清军营县，彭英甲一个公文，就将泾川至兰州沿途的驻军和统捐分局调动起来，处处派人照料管理，地地派兵保护和护送桥料运输车队，接力棒似的站站交接，直抵兰州。西安沈、高二委员办事也较干练，且可利用郑州转运桥料进行分装、编号、排序的基础。如此诸多有利条件，使西安转运可说干脆利落，一路顺风。按说，从西安经平凉到兰州的运输线路比郑州到西安1100里路程要长三分之一。可是，西安转运从光绪三十三年（1907年）十月下旬启动，分36批先后向兰州发运，

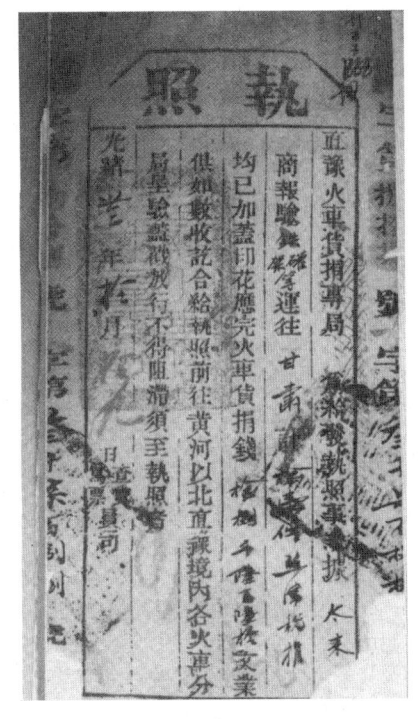

光绪三十三年十月十九日直豫火车货捐专局天津桥料转运站发放的桥料转运执照

第一批桥料抵达兰州是同年十一月二十三日，满打满算仅一个月，由此可见一斑。当然，西安转运绝非十全十美，同年十一月十一日，委办平凉统捐田必嘉具禀彭英甲，谓西来桥料运输马车，沿途搭载客货，延误行程，致使一批桥料运输车队，竟分作数起入甘，使营县护送兵役往返艰难。由此造成一个田必嘉告状，西安沈、高二委员辩白的戏剧性争讼。彭英甲则借题发挥，整饬桥料运输秩序：一是禁止运输桥料车辆搭载客货，违者照章充罚；二是桥料运输按批组织车队，按队按车编号，连贯而行，以便照单验收，不致混乱等等。另外，光绪三十四年（1908年）一月二十二日，泰来洋行驻兰经理（账房）德罗，提出要亲自到西安

| 光绪三十三年十二月十九日甘肃洋务局关于东路桥料转运不得搭载客货和分散行驶的规定

| 宣统元年七月兰州桥料委员林庆春编制的两份开支清册

| 宣统二年闰二月十六日泰来洋行驻兰经理德罗就收到全部转运到兰的桥料后所出具的收条

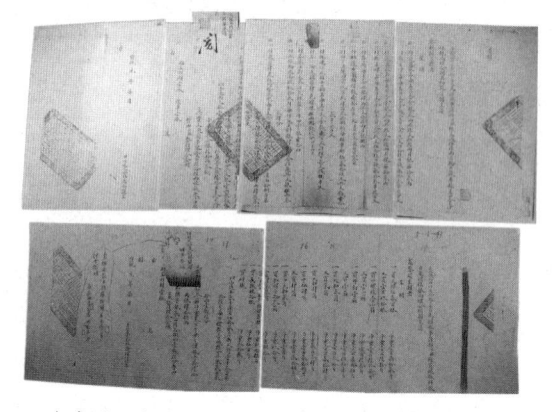

接运天汽帽等"要工料件"，彭英甲爽快应允，并以四百里传牌通饬东路各州县为德罗提供精壮坐马一匹，引马一匹等诸种方便，保驾而行，使德罗心存感激，不致找到任何责难的借口。西安转运至宣统元年（1909年）一月二十五日全部结束，一月底，转运局、厂全部裁撤。自光绪三十三年（1907年）十月下旬发运第一批桥料起，前后经历一年又三个月。

兰州收到第一批运抵兰州的桥料，是光绪三十三年（1907年）十一月二十三日，

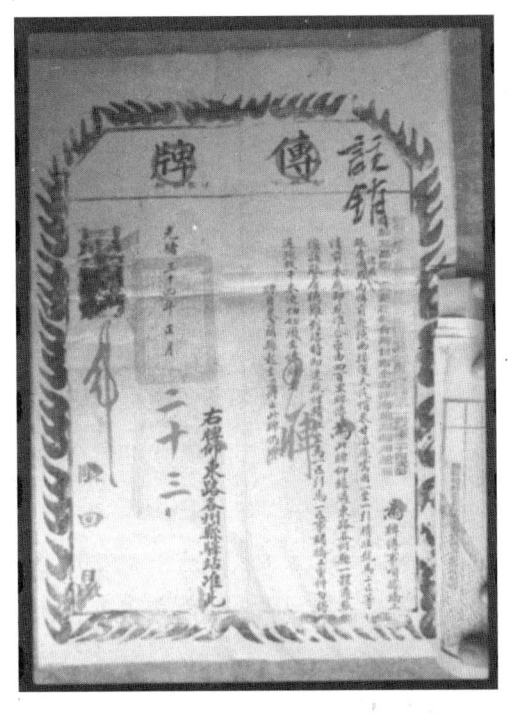

光绪三十三年正月二十三日彭英甲就德国账房德罗赴陕接运桥料事命令沿途军政官员为德罗提供马匹和方便的传牌

距天津发运第一批桥料已近五个月。宣统元年（1909年）闰二月十六日，所有桥料全部运到兰州，由德罗出具收到全部桥料收条，桥料运输至此全部结束。从光绪三十三年（1907年）七月三日开始由天津发运桥料算起，总共一年零八个半月，共花去运输费、税费及相关费用库平银124042.809423两。其中，天津运至郑州库平银22983.22907两，郑州运至西安库平银共57352.153153两，西安运至兰州库平银共43707.4272两。运输费用占建桥费用的40.45%。

由此可见，桥料运输在当时交通落后的条件下所占的地位十分重要，不仅运输费用所占比重很大，而且时间消耗是合同建桥期限18个月

的1.18倍。至于工作量，虽无统计档案资料可作确切说明，但一些旁证材料却可提供更为生动的佐证。桥料从天津运到郑州主要靠火车运输，虽然也造成专车独运桥料的少有现象，但终非人力所为，姑且不论。郑州仅转运第一批桥料就发出骡马大车320辆，人力手推车349辆，驮运驼、骡85头，是所谓"车驼并运，旁及手车"。西安转运全用马车，转运第一批桥料的大车也在400辆以上。至于第二至第三批桥料的转运车辆也不在少数。可想而知，在从郑州到兰州的2500多里的道路上，在一年多的时间里，持续不断的成批运输车队由东向西行进，每辆车上都插着一面标志甘肃发运的小黄旗迎风招展，车夫的吆喝声和马鞭震响混成一片，不时伴随着骡马的嘶鸣，马蹄嗒嗒车隆隆，尘烟弥漫，久久不绝，其场面是何等壮观！清末北方的这一长途运输大景观，翻阅我国近代史，堪称空前绝后。更有那么多车辆所装载之物，皆是沿途大多数士农工商和老百姓见所未见、闻所未闻的稀罕物件，由此形成的神秘气氛，给人们造成的心里震撼，不仅巨大，而且会持续相当长的时间。"听说那是兰州修大桥用的，那桥该是啥样啊！"猜测、想象，无边无际……

甘肃与西方经济技术
合作双赢的第一个范例

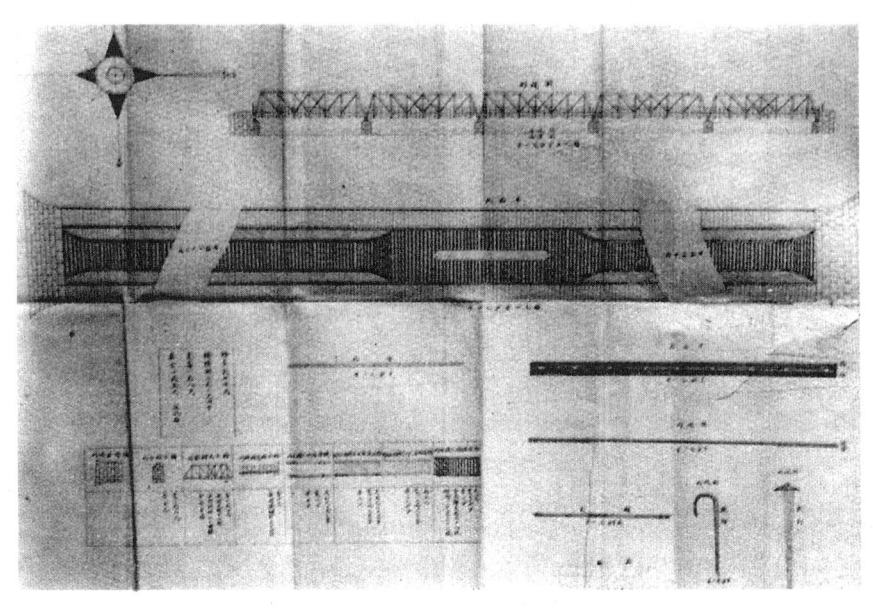

兰州黄河铁桥的侧面图和桥面平面结构图

兰州黄河铁桥建设工程于光绪三十四年（1908年）二月初十日正式开工。按照甘肃与德商泰来洋行签订的建桥合同，是由德商包修，因此，铁桥怎样设计，怎样修建，决策、指挥、管理权，全在德商。甘肃仅在合同中提出了铁桥的尺寸规格和质量要求，具体建桥事宜一概

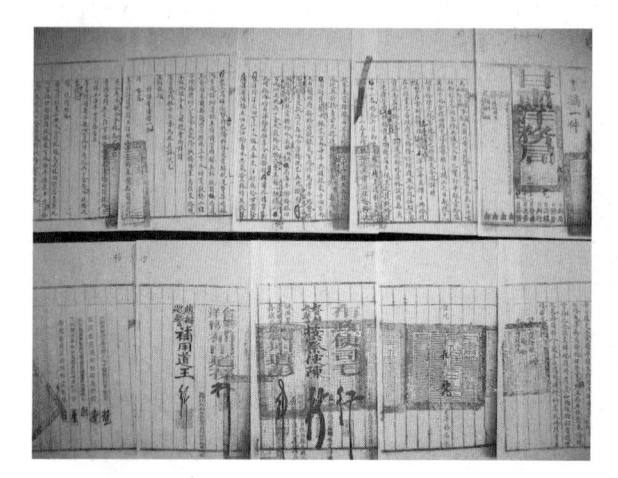

| 宣统元年九月初九甘肃洋务局为铁桥工竣款清请求立案和铁桥的使用、维护等问题致陕甘总督长庚详

| 宣统元年十一月十三日甘肃洋务局为报送黄河铁桥建设的各种柱清册、费清册、物料清册等致升允详

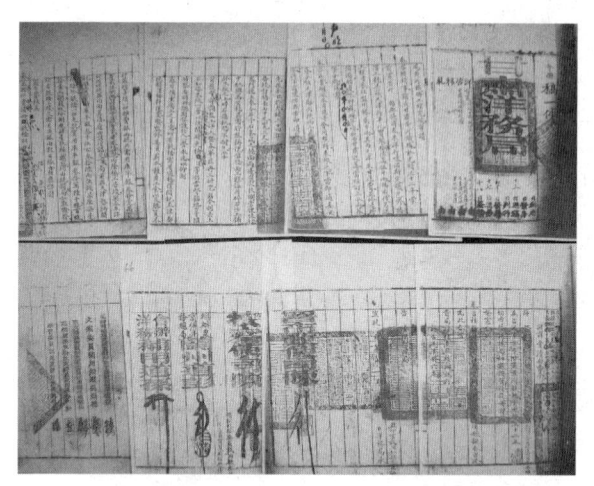

无权也无必要过问。再加上有80年保固期的合同条款，泰来洋行除向甘肃送审一份铁桥总体设计图样以外，其他详细设计、施工、竣工图纸及与建桥相关的文书档案，全被泰来洋行带走（按道理，竣工图纸应移交给甘肃作为档案长期保存，但事实上甘肃没有竣工图纸。是法商带走了，还是别的原因谁给弄走了，不得而知。丢图纸的可能性不大），无可详加考究。根据兰州黄河铁桥档案的侧面记述（如1907年10月初张钟骏致彭英甲禀，1909年6月升允的《创建兰州黄河铁桥碑记》等），泰来洋行签订包修黄河铁桥以后，曾有以6万两白银（亦说6万个工）转包给中国工头修建的多种方案，并请了一位叫张详会的中国通事作参谋，在张详会的翻弄下，不断减少包工银两，直至减到3万两还是不满足，又改为做日

工。看来，泰来洋行最后没有采用张祥会的馊主意。因为实际的做法，是请美国桥梁公司设计，由美国工程师满宝本负责建桥技术问题，由中国工程师刘永起带领从外省雇佣的60多名中国工匠进行铁桥的施工建设。因此，在兰州黄河铁桥上留下有"美国桥梁公司"标记。但据此断定泰来洋行又将铁桥整体转包给

德商收到甘肃所付的桥价或转运到兰的桥料，所写收据收条的一部分

了美国桥梁公司，以至作出其他相关的推断，都是不确定的，最多只是将建桥的技术和施工劳务部分转包了出去，绝不包括桥料采购和整体管理等各项在内。但不管如何，在铁桥建设中，按照合同规定，甘肃方面没有任何技术和施工责任，只有为建桥提供辅助材料，如木杆、麻绳、施工用木船等，还有占地购买、拆迁以及桥料看守服务等义务。当然，这些工作不仅琐碎繁杂，而且需要大量经费，总计花去库平银26630.596815两。

铁桥自开工建设后，除当年夏秋洪水季节曾一度停工外，一直持

续不断地加紧建设，终于在宣统元年（1909年）六月上旬全部竣工，历时一年零五个月，比合同期限提前三个月。竣工后的兰州黄河铁桥，用升允在《创建兰州黄河铁桥碑记》中的描述是"桥长七十丈，宽二丈二尺四寸，架桥四墩，中竖铁柱，外以塞门德土掺合石子、石条成之。桥面两边翼以护栏。旁便行走，中驰舆马。安稳异常，行旅称便"，是一坐近代化的钢桁架公路桥。

| 兰州黄河铁桥建成时一侧桥头的效果图

综观从桥料运输到铁桥竣工的全过程，以双方所签合同为标准进行核对，基本上双方都完全履行了合同的各项规定，既没有出现大的违约事件和交涉纠纷，也没有留下隐患和尾巴，可说是一气呵成，干净利落。要说铁桥最后与合同有何不同，那就是甘肃单方面对铁桥进行的装饰和改造。

当铁桥将要竣工的时候，护督毛庆蕃按照中国建桥的传统习惯，饬谕皋兰知县赖恩培在铁桥两头各修一座三开式牌厦，各有四根主柱，撑起中间高、两边低的琉璃瓦盖顶，猫头滴水，五把宗兽，下掖四个扇板(中开二，两边各一)，雕梁画栋。牌厦外侧各高悬"第一桥"大横

宣统元年黄河铁桥建成时的整体效果图

匾；内侧，北牌厦悬挂"三边利济"大横匾，南牌厦悬挂"九曲安澜"大横匾，横匾均长一丈五尺。桥两头各立一石碑，上刻升允撰写的822字《创建兰州黄河铁桥碑记》。全部装饰工程于同年六月十八日完竣。另外，甘肃还对铁桥进行部分改造。同年七月五日，黄河铁桥举行通车仪式交付使用以后，皋兰县令赖恩培遵照护督毛庆蕃的面谕，又将铁桥原碎石沙土路面刮去，改铺木板，直至九月十七日才完成改造工程，行人马车行进于桥，木板隆隆震响，也算中国特色了。所以，宣统元年（1909年）十月以后，展观在人们面前的黄河铁桥，从外观上看，是中西合璧的庞然大物。但甘肃与西方进行经济、技术合作，修建兰州黄河铁桥，并非指此，而是指整个铁桥的建设。

就这样，通过甘肃、泰来洋行、美国桥梁公司和外省几十名工程技术人员与工人几年的共同努力，取得了兰州黄河铁桥创建的成功，甘肃总共花去库平银306691.898498两。由此，德商天津泰来洋行成功地做成了一笔包修兰州黄河铁桥的大买卖，净获桥价天津行平化宝银165000两，赠款行平银2000两，以"酬工程师来往盘川之项"。其他酒席招待、礼品馈赠等，自不在话下。甘肃则在兰州城北黄河上建成一座近代化大铁桥,"一劳永逸"地解决了兰州黄河的津渡问题。从此,兰州向西、向北的交通可以一年四季全天候畅行无阻,免除了年年搭建浮桥的麻烦及相关的弊端,并为以后形成以兰州为中心的全省公路交通网奠定了坚实基础。对于彭英甲来说,则是其"实业新政"中开通陆路交通的一大成功。于是乎,甘肃与德商双方,各得其所,双赢双庆,互相致谢,皆大欢喜。这与左宗棠创办兰州织呢局和彭英甲"实业新政"中开办的各个局、厂的结果是大不相同的。当然,兰州织呢局等近代企业,有个盈亏定向、持续运转的问题,而黄河铁桥只是一项工程,建成之后只是使用、保护、维修问题,不存在计算盈亏而定生存问题,有其不可比的本质区别。但又有个共同点,即它们都是甘肃与西方进行经济、技术合作的标的。对其成败详加考究,无论对于甘肃来讲,还是对于外商来讲,在合作的方式方法及其运作技巧上,黄河铁桥的建设成功又确实提供了值得借鉴和深思的经验教训和启迪。兹择其要者陈述如下:

(一)德商避难就易降桥价,甘肃扬长避短抓关键。左宗棠时欲与德商合作修建兰州黄河铁桥终至流产,根本原因是福克要价60余万两,甘肃财力困难,无法接受。福克报价高,是有原因的。主观上,福克是纺织工程师,对路桥建设并不在行,估价不准,在多难免。客观上,福克当时估价是有参照物的,即兰州织呢局所购机器设备1200余箱,海运至上海,由史德洛米押运,经水路至武汉,再经民船水运和人力马车,取道西安运至兰州,总共花去白银100余万两。而铁桥原材料和设备,其数量更多,索价60万余两,他认为不算高。光绪三十二年(1906年),喀佑斯吸取了福克的教训,采用避难就易的办法,即只包德商容易做到的桥料采购、海运至天津和铁桥工程建设,却不包德商难于做好又费力、又费钱的桥料在中国境内的运输,从而大幅度降低

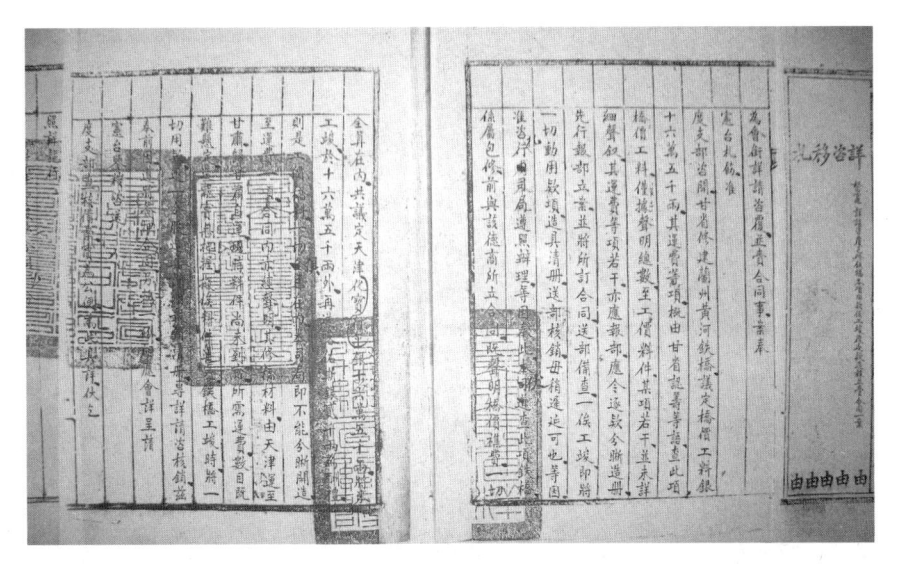

光绪三十四年五月初二日，甘肃省洋务总局就修建兰州黄河铁桥所需各项经费及呈送合同事详陕甘总督

桥价至行平银16.5万两，以诱使甘肃签订合同。而甘肃则认为桥价只及福克报价的四分之一，可说是大喜过望，又在甘肃财力许可之内，且甘肃认为最难的（即不懂的）铁桥工程建设、桥料采购和海运，都被德商包下了。至于桥料从天津到兰州的运输，虽然也要费力花钱，但在自家土地上进行，不难做到。且钱花在中国，也称肥水不落外人田，所以欣然接受。但对于马车载不动的超大件，甘肃不懂技术，不敢拆卸，运不了，那由得你德商自运，你既然敢包建桥，你就得有运超大件的办法。而德商也盘算，建桥材料虽然多，但都是临时组合件，并无超1200斤的大件；能超1200斤的大件只有建桥用的动力设备等几件，你甘肃连大批桥料都能运，想必这几件也不会不运，因此，你说自运就自运，到时再说。于是，很快达成合同条款，虽有阻力和干扰，但那是对西方人长项的挑战，如小孩向壮汉叫板，根本不用过招，一个"保固八十年"就击得粉碎，双方签字画押，交易就做成了一半，进展十分可观啦！

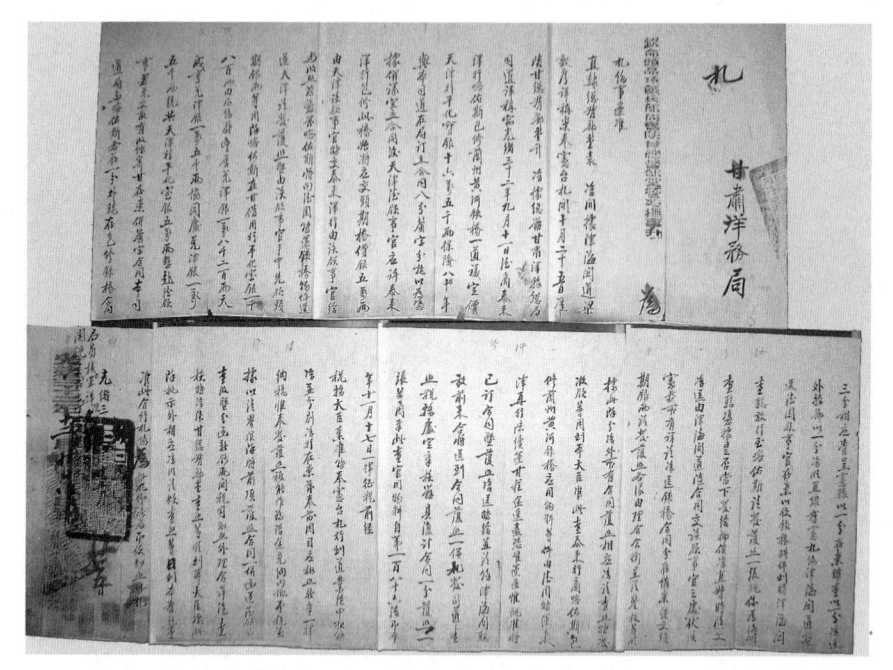

光绪三十二年十二月二十五日陕甘总督升允就桥料在天津上税问题与直隶总督袁世凯进行协调的结果扎甘肃洋务局

可见，在签定包修兰州黄河铁桥合同过程中，双方都有自己不曾告诉对方的小盘算。但在客观上，甘肃采用包修合同方式，德商包易不包难，却都体现了扬长避短的原则。这种策略原则，既是合同达成的原因，也是铁桥建设成功的基础。但其中桥料超大件的运输条款规定，却为今后的交涉埋下了一个伏笔。

（二）地方主义拖进纳税圈，德商钻空子拒绝纳税义务。光绪三十二年（1906年）九月十二日升允批准包修兰州黄河铁桥合同后，九月十五日彭英甲就向升允详送三份合同，请求将三份合同中的一份留存，一份咨送外务部，一份咨送直泰总督，请向喀佑斯发放桥料进口护照，以便桥料进口入内地。十月二十五日，升允致直泰总督袁世凯的咨文和咨送的建桥合同就达于袁世凯手中，袁世凯当即扎饬天津海关道梁

光绪三十三年正月二十八日升允就桥料照章纳税事扎甘肃洋务局和彭英甲

光绪三十三年六月至八月彭英甲和肃洋务局就桥料到津情况、桥料上税问题等与各转运站、泰来洋行、德国驻津领事的来往电报

敦彦办理并答复。如果梁敦彦立即办复，那么，黄河铁桥料件进口根本不存在纳税问题。因为，凡官府进口货物缴纳进口关税，是清政府税务大臣于十一月十七日颁行的新章程，此前并不纳关税。但梁敦彦直拖到十二月下旬才办理，并详告袁世凯，提出甘肃官用桥料须照章纳税，包括抽五关税和二五子口税。那么，谁来承担纳税义务呢？有涉外工作经验的彭英甲当然心之肚明，那自然是泰来洋行，因为桥料采购和使用都是泰来洋行承包了的，甘肃只有承担运输的义务。然而，又苦于合同中并未就关税缴纳事宜作出具体规定。于是，彭英甲于光绪三十三年（1907年）一月十二日致详升允："包修黄河铁桥，在未奉新章之先，故将关税一项，未及详叙"，但合同规定，"统桥价杂费一切，全算在内，共议定天津化宝行平银拾陆万伍千两，此外并无分文

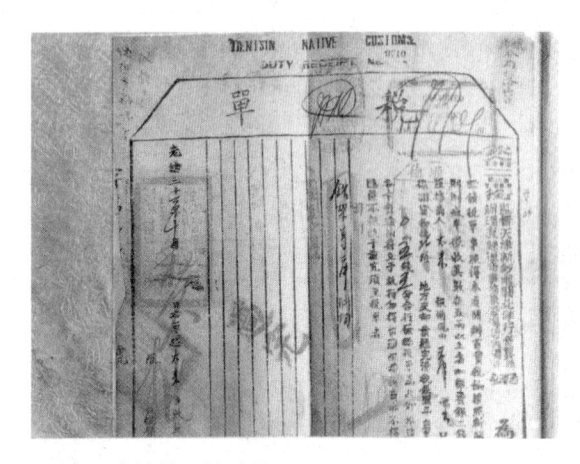

天津新钞两关税单

花费。"因此,"是喀佑斯包修铁桥,一切杂费均在天津化宝行平银拾陆万伍千两之内。其护照一纸,原恐海关不知甘肃修理铁桥,一遇料件过境,或有阻止,且虑别有夹带,并非作为免关税起见","关税一项,虽于合同内未经另载,……所有此项税银,自应由本局致电喀佑斯照章完纳。"并请求升允转咨袁督,札饬泰来洋行承担纳税义务。泰来洋行却一口拒绝承担纳税义务,称:"彼时在兰州订立合同时,不惟本行不能预知,即甘肃华官亦未料及。是改订税章在后,而订合同在先,此项税银不得出自本行,当由甘肃华官照纳。"虽不能说言之无理,但显然是钻了天津海关道拖延公文不办达两个月之久的空子。

问题是天津海关道为什么要拖延积压公文不办?光绪三十三年(1907年)六月二日,当甘肃探知子口税可免时,详请升允致电袁世凯商免子口税时,袁世凯当即复电大打官腔:"官用各物料,凡系来自外洋者,于进口及运入内地,照商民货物一律征税,自166结起,遵办有案。甘肃铁桥料件情事相同,除进口征税外,运入内地,照新章仍应完一子口税。"原来袁世凯和梁敦彦为了多收税银演了一出双簧戏,使甘肃成了冤大头,却并不札饬洋商承担纳税义务。袁世凯之所以成为卖国贼,是早已种在了骨子里的,实在可恶至极。

甘肃的冤大头是当定了。但这钱以何名目拿出去呢?按彭英甲的意见，还要据理力争，让德商完纳。万一不行，最多只能叫对德商的"体恤"，经济上吃了亏，但理不能丢。而升允大笔一挥，批曰："喀佑斯所运铁桥料件，应纳厘税准由公家完纳，不必令喀佑斯赔垫。"奇了！"关税"变成了"厘税"；本是德商的纳税义务，却说成是"赔垫"，糊涂官遇到卖国贼，原来是如此无能、可笑、可悲！彭英甲再精明，也只好代德商赔垫进口关税银4000两了。

(三) 德商模糊策略占便宜，张令据理力争讨退款。桥料从北京丰台转运至郑州，需通过法国人经营的京汉铁路进行火车运输。按法商所订京汉路运输章程，每列火车装载一家客货足五百吨数者，即照专车论；倘一家客货不足五百吨之数而装载两三家之货者，即以票车论。这就是说，一家客货不足五百吨而又仅载一家货者仍属专车之例，不以票车论。票车定章全价，专车定章半价。如系官物专车，按吨位计半价运费。光绪三十三年（1907年）七月，从丰台货运第一批洋灰1980桶至郑州，每桶300斤，共重594000斤，合297吨。虽不足500吨，但整列火车只装载了甘肃公家洋灰，并无别家货物，应属官物专车，理应按吨位计半价运费。但法国货运利用该车洋灰交运人员麦方堃不熟悉京汉路运输章程的弱点，假装糊涂，按票车计了全价运费道胜洋元7000元。后来驻津桥料委员张钟骏于两个月后得知此事，便去北京铁路局，打通门卫等关节，径直去见法国总办，据理力争，终于讨回多付的半价运费道胜洋3500元，合行平银2520两。此事虽小，但也算是从外国人手中争回的一点利权。而对于张钟骏个人来讲，理应记功一次，不料后来他却作为替自己辩白赖还公款的筹码。

(四) 德商搞小动作推卸合同义务，彭英甲坚持合同怒砍黑手。光绪三十三年（1907年）十一月初二，郑州桥料转运委员向彭英甲禀呈桥料转运情形时称：十月十五日，张钟骏由天津押运来郑大天汽帽、大

| 光绪三十三年十月十一日彭英甲致电德国驻天津领事领事和泰来洋行

| 光绪三十三年二月至三月甘肃洋务局和德国驻天津领事馆领事之间的来往电报

| 光绪三十三年十二月初四日泰来洋行推卸超大件桥料转运责任致电彭英

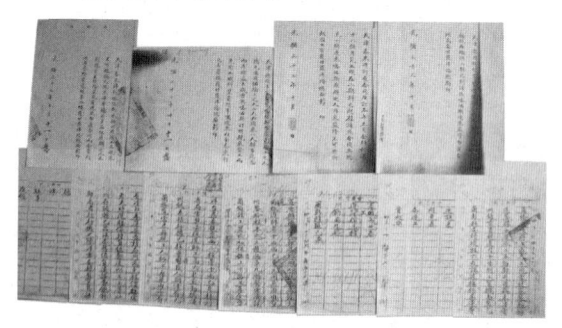

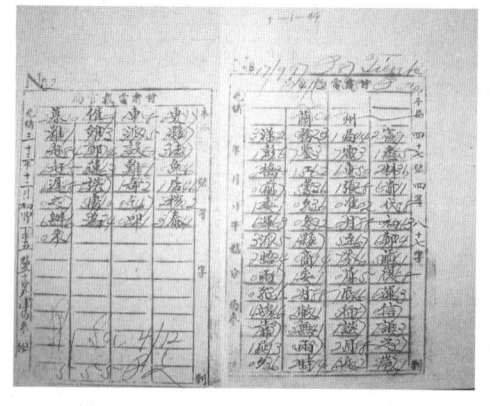

铁器柜等大件，共27件，除其中19件可设法转运外，另8件必须专门制造四轮车，每车用三驾马车的骡马、10名马夫，才能转运。而张钟骏已离郑，去武汉出售劝工厂生产的生丝去了。对此，彭英甲十分纳闷，按合同规定，超过1200斤的大件应由泰来洋行自运，甘肃不管，郑州转运站为何提出为运大件专造四轮车的问题来呢？于是，在去电问明8大件均重过2000斤的前提下，于十二月一日去电指示郑州站按合同将所有超过1200斤的料件交由泰来洋行自己运输，我方不必制造四轮车。同时，又致电天津泰来洋行，敦其按合同承担超大件自运的义务。不料，十二月二日，郑州委员又致电彭英甲，说已造好四轮车六辆。十二月四日泰来洋行复电彭英甲称：系"桥工重料。前蒙张贵委员允准代运，冬月初派伙至郑，晤商麦、臧两委员，复允月底运竣"。并倒打一耙，说"讵延两月之久，时近岁暮，雇车更难，虽派伙赴郑，设法赶运，难免迟误，奇居之处，迄核办为叩"，反倒责怪甘肃方不按承诺组织转运，并伏下转运迟误延误工期责任在甘肃的伏笔。好家伙，泰来洋行竟然越过甘肃方对合同的责任人彭英甲，私下搞小动作，与张钟骏等人合谋变更合同条款，将本应由泰来洋行自运的桥料推卸给甘肃运输，如此私相授受，合同信誉何在?!照此下去，后果不堪设想。彭英甲旋于十二月五日，一方面致电郑州麦、臧二委员，坚持必须按合同办事，并指出："张、麦、臧三委员皆允许代运，本总办以为断无此理。已电问有何凭据？如果违背合同，该员等咎由自取，必立予惩办。该三员当自寻泰来行理论。"看来，彭英甲已愤怒至极。另一方面，又致电泰来洋行，严正指出："自运办桥工以来，彼此事事皆照合同办理。本总办尚不敢稍有违越，委员何人？岂能不顾原议，任意专主。纵令委员妄谬，有心允许，亦必先禀本总办核夺，断不能私自违背，私相授受。"即使三委员确实允许代运，也是非法的，不予承认。并责问泰来洋行有何允许代运的凭据，请拿来，以便"惩治委员"，但"绝不能显背合同"。郑州麦、臧二委员吓坏了，复电断然否认曾应允代运，以"实张令函促面催"将责任推给了张钟骏。张钟骏从武汉致电彭英甲辨称：原本是"坚争"让泰来行自运，泰来行说先运到郑州，如大车载不动，再归他运，"若早知照该行，不致他误"，意为纯属误会。固而故作惊讶："推托允

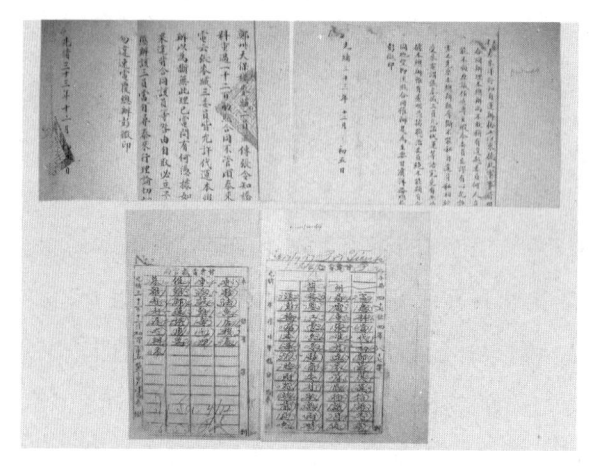

彭英甲与张、麦、臧三委员和德国天津泰来洋行就重料的运输问题于光绪三十三年十二月初四、初五两日针锋相对的电文

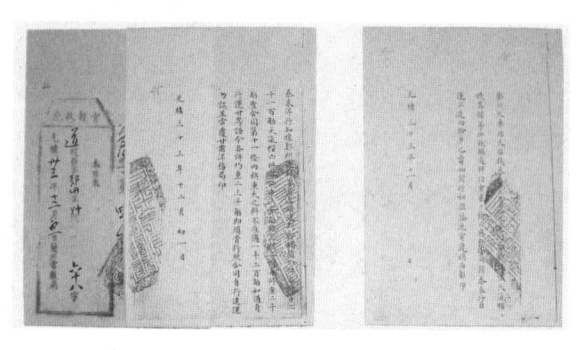

光绪三十三年，彭英甲分别给郑州转运站和泰来洋行去电坚持超大件必须由泰来洋行自运

许代运之说，系谁签字？已函催问该行。否则，赴津反对，何敢违背合同？"

事情到此已很清楚，泰来行在动心机搞小动作，推卸超大件运输责任；张钟骏确也口头答应代运，并串通郑州麦、臧二委员私下办理代运事宜，只是没有留下文字凭据。原以为悄悄代运完毕，即可欺蒙过去。不料麦、臧二委员心存疑惧，故通过造四轮车一事，将此事从

侧面"泄露"给了彭英甲，以试探彭英甲的态度。彭英甲明察秋毫，抓住不放，穷追猛打，将泰来行和张、麦、臧三委员逼到死角里，道出了事情的原委。张钟骏"已函催问该行"之托词，实是与泰来行统一口径，改变策略。对此，彭英甲是了然于心的，但鉴于要让泰来洋行另外单独组织运输班子运输超大件确实有一定难度，为顾全铁桥开工的大局，便作出让步：代运可以，但泰来洋行必须派技术人员将大件拆成小件，仍用大车转运，不用四轮车，但原专造四轮车的工料费和代运超大件的运输费，必须由泰来洋行承担。旋即组织力量，很快将全部超大件运抵兰州，使先期抵达兰州的建桥工程技术人员连连称谢。泰来洋行虽勉强同意，却又心有不甘。试想长期以来，西方列强与中国人打交道中，除明火执仗强抢豪夺之外，利用清朝官僚守旧、无知、迂腐、贪婪的弱点，略施小计便能转嫁责任和负担，何曾失过手？难道这次倒要栽在手无寸铁、仅举"诚信"旗帜的彭英甲手中不成？于是乎越想越不是滋味，便到处无端找茬，一会儿抱怨桥料运输迟缓，一会儿又以要"控告"相威胁，大有不占便宜誓不休之势。不料这个彭英甲不仅吓不倒，而且从容应对，于光绪三十四年（1908年）二月八日致电泰来洋行，一一批驳其无端抱怨是违背事实。说到控告，不怕！有合同为凭，"如谁违背合同，谁均可控告谁"，我也可以控告。并揭泰来洋行的老底，"至泰来洋行的名誉，本总办前在山东、直隶早所深知。"还可把你泰来洋行搞臭，叫你在中国做不成生意。这才使泰来洋行从此老实起来，并在宣统元年（1909年）六月二十二日签订双方面算应交应扣各款结算合同时，乖乖地同意认交这两笔款项。不料彭英甲得理即让人，以四轮车"造而未用，又加之桥工坚固"，为"以劝有功"给免了，只让其交运输费。钱花在明处，想伸手偷可不行。

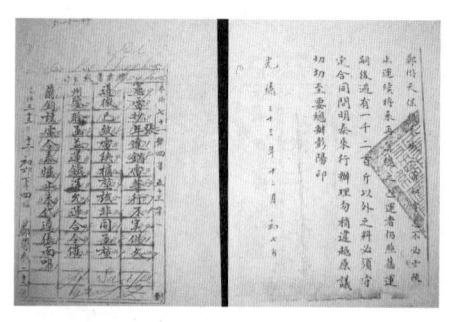

彭英甲和驻豫桥料委员麦方堃就张钟骏违背合同私自答应泰来洋行代运超大件一事的来往电报

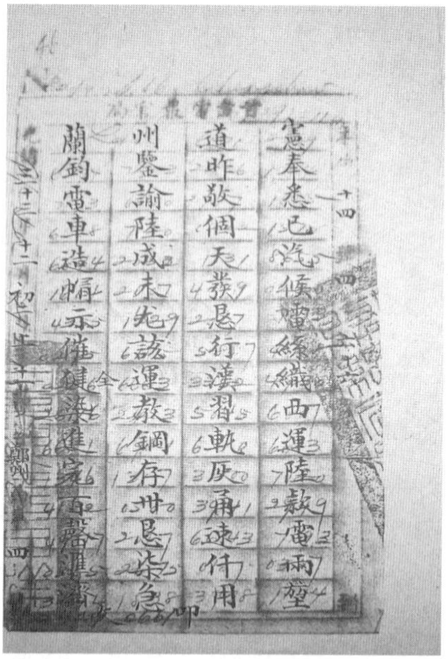

光绪三十三年十二月初二日郑州转运站麦方堃就造四轮马车及桥料转运情况致彭英甲电

光绪三十三年十二月十三日张钟骏为自己违背合同擅自做主替泰来洋行运输超大件进行辩护的电文

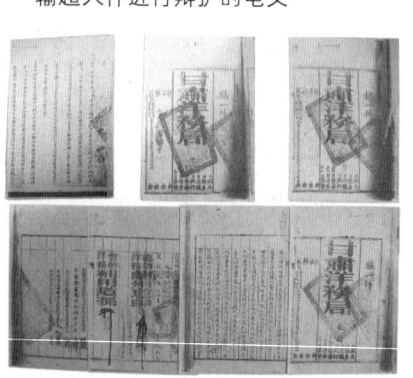

宣统元年九月初三甘肃洋务局就郑州桥料委员麦方堃、臧炳文报销桥料运输经费短款事札麦臧二委员，九月二年十五日麦臧二员具禀辩驳，十二月初十日，甘肃洋务局又因兰平折汴平短款事札麦臧二员

（五）泰来洋行寻机伏笔拖延工程，兰州道摆事实维护合同期限。光绪三十四年（1908年）十一月十六日，郑州桥料转运完毕，从陕至兰的转运也将很快结束。泰来洋行企图拖延铁桥建设工期，但又不顾承担铁桥工程的延期责任，便在桥料转运将未完的情况下，先发制人，采取主动，在桥料转运

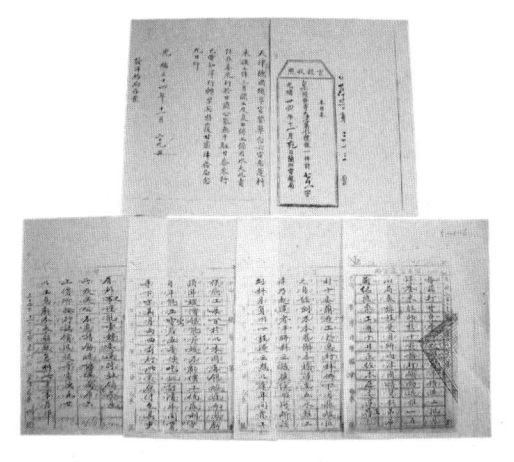

光绪三十四年十一月二十九日彭英甲就德国驻天津领事克华来电称桥料转运迟缓贻误工期责任在甘一事致电克华予以驳斥

上做文章，找借口，并通过外交途径，鼓捣德国驻天津领事克华于十一月二十六日致电彭英甲，提起正式交涉；以桥料转运迟缓为由，断言铁桥不能按合同期限18个月建成，必致延期；并扬言，由此造成的一切损失，泰来洋行要按国际公理索赔。其目的为拖延铁桥工期制造理由，并将责任推给甘肃，以便到时敲诈赔款。彭英甲旋于十一月二十九日致电克华，指出桥料转运从未耽误铁桥施工，铁桥开工建设以来，从未发生过因桥料供应不上而停工的事情，不存在桥料转运迟缓的问题。至于夏季停工，是因黄河水大，这是泰来洋行早应预见到的事情，责任在泰来行，"与甘肃公家无关"。克华理屈词穷，无言以对，从此缄口无言。泰来洋行眼见讨不上丁点便宜，只得催促工匠加紧施工，终于在宣统元年（1909年）六月初黄河洪水到来之前铁桥竣工，比合同要求期限提前整三个月。这既是兰州黄河铁桥建设的成功，同时也是甘肃在外事交涉上的胜利。

综上所述，甘肃与德商在创建兰州黄河铁桥上进行经济、技术合

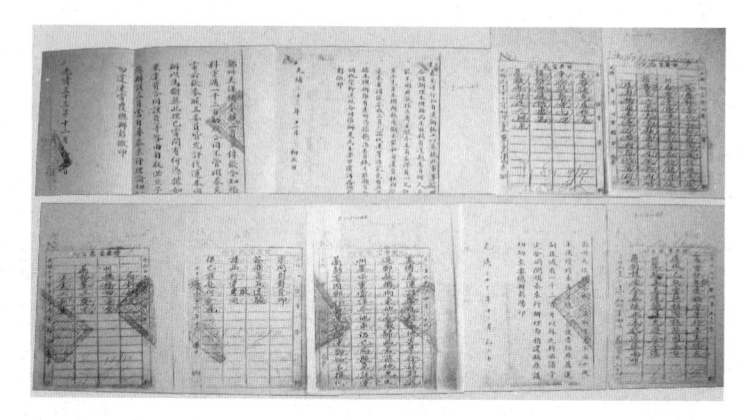

| 光绪三十三年十二月初四到十二月十三日关于重料转运问题的
　一组电报

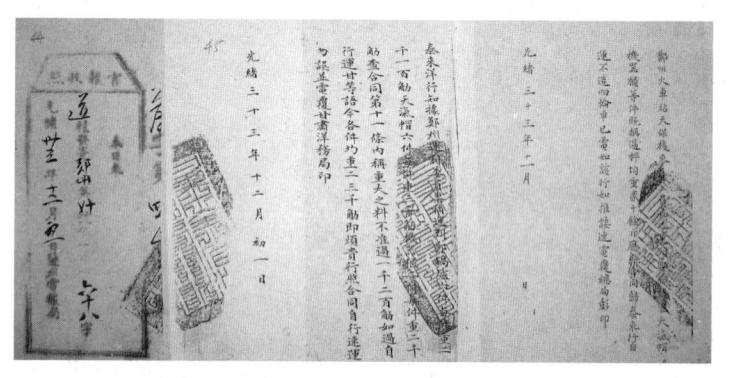

| 光绪三十三年十一月和光绪三十三年十二月初一日彭英甲分别
　给郑州转运站和天津泰来洋行发的电报

| 宣统元年六初二十八日护理陕甘总督毛庆藩就造四轮马车经费
　给甘肃藩臬二司和洋务、农工商矿二总局的批文

作的成功，绝不是一帆风顺的，更不是在处处"优惠"、步步"让利"的条件下取得的，而是在一系列针锋相对的斗争中取得的。而且，这种斗争不是像"腐朽"的卫道士那样无边无际，在意识形态上大做对牛弹琴的文章，而是以"诚信"为核心，以

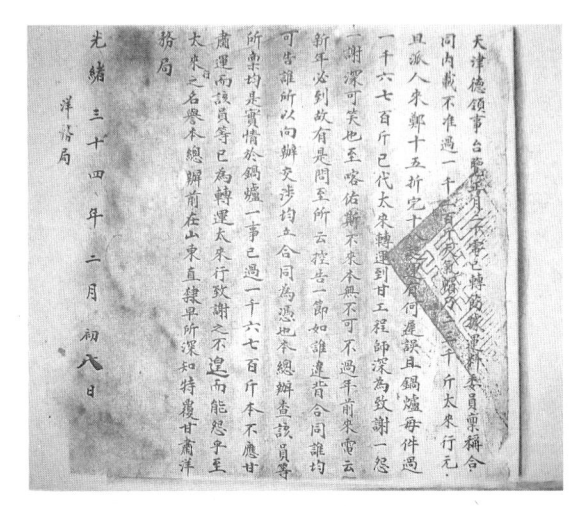

光绪三十四年二月初八彭英甲致电泰来洋行驳斥其违背合同的种种言行

合同和国际公理为准则，以合同标的为目标，有理、有利、有节地进行的，为的是最终达到合作成功的目的。它更启迪人们，尤其是官方与国外进行经济、技术合作时，绝不能摆官架子，盛气凌人，居高临下，处处"恩惠"、"施舍"；也不能讲排场，显示官家实力雄厚，大手大脚地甩钞票；更不能口挂泱泱大国，内心底气不足，处处显得有求于人，不惜让利、送利、不求利。而应以与合作目标（不是国家或政府）相适应和匹配的法人身份，平等的和外商打交道，有理必较，有利必争，诚信为本，永立不败之地。

清代晚期货币的智力大游戏

　　二十世纪初的清朝末期，半封建半殖民地社会经济的特点之一，就是以金银按重量直接进入流通，与发行纸币、银票、金属钱币同时并存，中国货币与西方殖民国家在中国境内发行的货币同时并存，中央政府发行的货币与地方各级政府发行的货币同时并存，以政治势力控制范围为基础结合经济扩缩能力来分配货币通行的范围和市场占有量。由此，便形成形形色色、千千万万半封闭的货币流通独立王国。于是，当经济活动在小范围内进行时，一般不会发生货币兑换问题；如果经济活动在跨地区、跨省的较大范围内进行时，货币兑换不仅难免而且是一切经济活动的起点，否则便寸步难行。

　　创建兰州黄河铁桥，从德国进口原材料、由美国桥梁公司建设，这是跨国、跨洲的世界性经济活动。由于是德商包修铁桥，因此，国际货币兑换

| 湖南铜元（龙元）

问题隐性存在，在兰州黄河铁桥档案中不可能反映出来。但桥料从天津运至兰州，要经华北、华中、西北三大地区和天津、河北、北京、河南、郑州、陕西、西安七个省市才能进入甘肃境内；在甘肃境

陕西军用钞票（议平银一两）

内又要经过平凉、定西两个地区和8个县才能到达兰州。建桥的辅助材料麻绳、木材等，又要在兰州、临夏（河州）和平凉等广大地区内进行采购。其间，不知要不断跨越多少种货币流通区域，每到一地，都要按不同比率兑换当地通行货币，才能进行交易和结算。回到兰州，又要按照不同的货币比率进行逆向换算，才能进行记账和报销。凡参与兰州黄河铁桥创修各项相关活动的派差人员，都被强行推进一场货币兑换的智力大游戏当中，活动的范围越大，这种智力游戏就越是复杂多变。本文无意全面陈述清末全国或北方的货币状况，仅就兰州黄河铁桥档案的记载，作一简明陈述，以窥一斑。

据兰州黄河铁桥档案记载，清末全国通用的货币叫库平银（确切地讲，只能称通货，为叙述方便，就姑且称作货币吧），但一般并不在市场上大量流通，只是清政府国库进行货币收、放和储蓄以及政府间进行经济联系时使用，或作为统一计算标准和货币换算标准。兰州地区通行的货币称兰平银，另有辅助货币金属（铜、锑、铁）方孔文钱，兰平银对库平银的兑换率为0.958，俗称九五八折，即一百两兰平银等于库平银95两8钱；文钱对兰平银的兑换率为1030左右，随行就市上下浮动，即文钱1030文左右等于兰平银1两。甘肃河州地区通行的是河平银，其对库平

银的兑换率为0.988。陕西西安通行的是议平银和金属币大钱，议平银对库平银的兑换率为0.96，俗称九六折；大钱对库平银的兑换率为1080，对议平银的兑换率为1050左右，随行就市上下浮动。河南开封（汴）和郑州通行的是汴平银和金属币大钱，汴平银对库平银的兑换率为0.9765，俗称九七六五折；文钱对汴平银和库平银的兑换率没有直接记载，其对天津行平化宝银的兑换率为1205。北京通行的是京市银，其对库平银的兑换率无记载。天津通行的是行平化宝银（亦简称行平银，也有称行化平宝银者），其对库平银的兑换率为0.967，俗称九六七折；还有津平银，比率不清；还通行龙元和鹰元的纸币；天津海关则使用关平白宝银（简称关平银），其对行平银的兑换率为0.99。京奉铁路（英国经营管理）和京汉铁路（法国经营管理）进行客货运输时使用天津道胜银行发行的道胜洋元，其对行平银的兑换率为0.72。另外，清政府中央度支部规定："凡地方各种平银，无论解交国库，还是核算报销，除按比率进行折算外，均需按章核扣6分减平，实际上是将地方平银重铸成库平银损耗的引伸和扩大；报销则收6厘销费，是一种手续费。"

在这种货币流通环境中，参与兰州黄河铁桥创建工作的甘肃管弁人员，在天津转运桥料，就须由甘肃厘税统捐局通过天津协同庆银行驻兰州票庄将兰平银或库平银折算好汇至天津协同庆银行，驻津桥料委员到该行按行平银进行支取，虽少了支取时的货币兑换麻烦，但到天津海关交纳关税时，就必须将行平银兑换成关平银；从天津经京奉铁路和京汉铁路将桥料转运至郑州时，无论在天津购买火车票还是在北京丰台支付运输款项，都须将行平银兑换成道胜洋元；到河南漳德府交统捐时，又须将行平银兑换成汴平银或河南文钱。在河南郑州转运桥料，则由甘肃统捐局将兰平银通过协同庆驻兰票庄汇至河南开封协同庆票庄，驻郑桥料委员到开封支取银两时将兰平银兑换成汴平银进行支取。陕西麻烦少一点，一切费用由甘肃西安统捐局直接以所收统捐议平银垫支，不存在兑换问题。但造册从甘肃西安统捐局向甘肃统捐总局解款中进行抵扣时，仍有一番将议平银换算成兰平银或库平银的过程。总而言之，无论如何都逃脱不掉货币兑换和换算问题。就是在甘肃境内进行相关活动，也少不了货币兑换的麻烦。比如，要到临夏（河州）去采买麻绳，就既要将兰平银兑换成河平银，又要在回兰报销时将河平银换算成兰平银或库平银。兑换货币，进行币值（成色）折算，是在当时各项经济活动中时时处处都会遇到而且必须进行的事情。从理论上讲，货币兑换是在两种货币之间进行，按比值（兑换率）计算就行了，并不复杂。但实际做起来情况就复杂得多，往往是两种以上货币进行层层折算和兑换；而且，即使兑换是在两种货币间进行，兑换人也必须用所需兑换货币与其他货币进行兑换的结果来做参照，检验与此种货币兑换是否一致，否则，连兑换的正确与错误都不清楚，岂不冤到家？但如此层层折算、兑

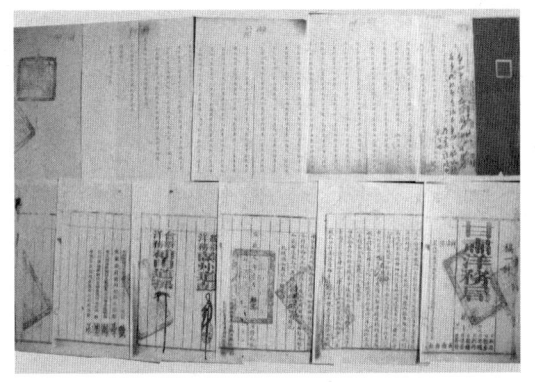

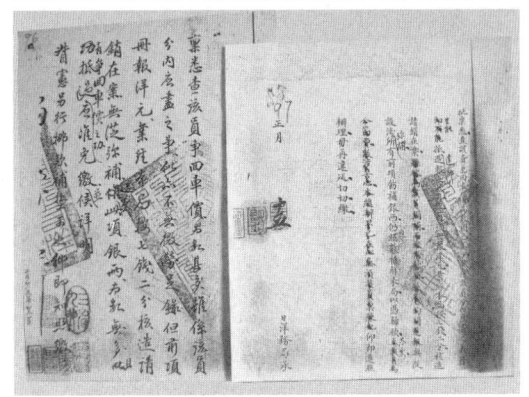

宣统元年十二月初十甘肃洋务局就天津桥料委员张钟骏报销短款事的扎文，二十六日张钟骏具禀辩解，正月十五洋务局再次催款的意见和二月八日的最后答复

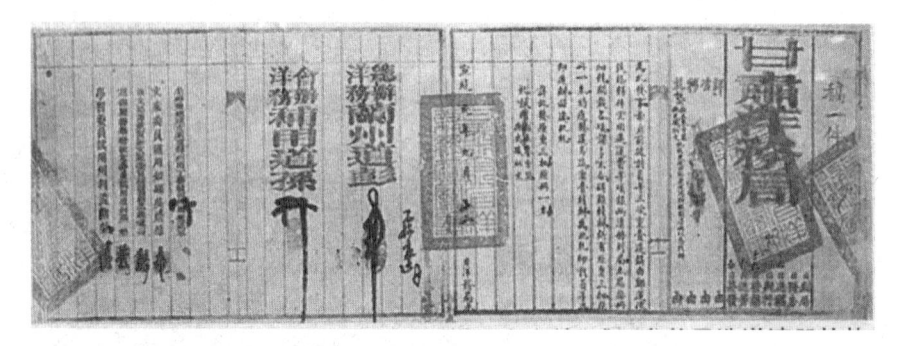

| 宣统元年九月十二日甘肃省洋务局就麦臧二委员所造经费报销清册诸多不合发回重造事致二委员札

换，倒来颠去，常常把人搞得糊里糊涂，吃亏占便宜的情况就难免了，最后是跳进黄河也洗不清。在创建兰州黄河铁桥过程中就有这样的事情。

（一）张令占便宜，狡辩不归款。驻天津转运桥料委员、候补知县张钟骏，在造报天津转运桥料经费时，在"新收"项下称：从北京铁路局法国总办手中讨回半价火车费道胜洋3500洋元，按七二折合行平银2520两。可是，在"开除"项下列支京奉、京汉铁路运输费时，全以七三折计算。此0.01换算率之差虽小，但总算起来，张令却从中将117.541两白银装进了个人腰包。甘肃洋务总局以收入兑换率小、支出兑换率大，二者不平衡进行驳诘。张令则以兑换率"浮动"进行辩解。甘肃洋务总局又以张令的继任人赵毓岳收入、支出始终按七二折计算的事实再次驳诘，并责令其归款。张令就把从法国总办手中讨回半价运费3500道胜洋元一事端了出来，说自己如何辛苦、功劳是何等大，且把讨回的钱如数归公，足可证明自己是何等清白，何来通过兑换率差捞取私利之事等等，请求彭英甲允许免补解差额项，大有后悔当初把讨回款项归公以至招来麻烦之意。其实，这笔应讨回款项他根本是瞒不过去的，他的继任人赵毓岳比他还精明，不会发现不了，使他不敢不归公。况且，他为讨

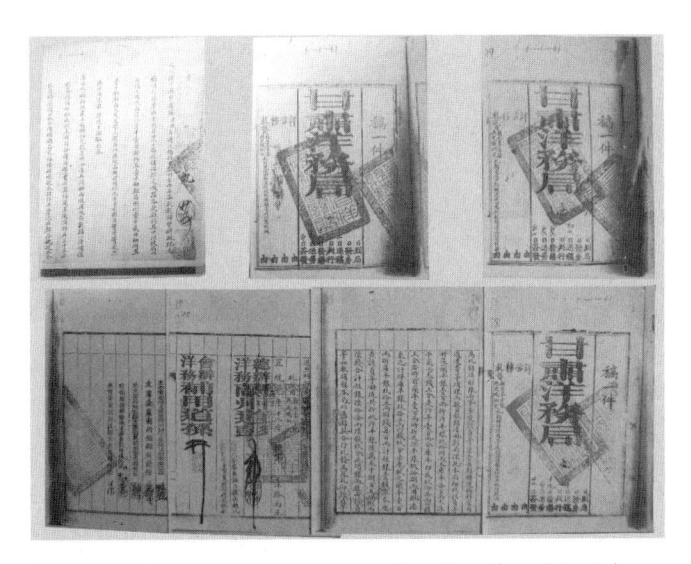

宣统元年九月初三甘肃洋务局就报销桥料运输经费短款事札麦臧二委员，九月十二日为重新造报运输经费事札麦臧二委员，九月二十五日麦臧二员具禀辩驳，十二月初十日为补解银两事札麦臧二委员

回退款三次进京，火车费、食宿费、打点费等等，他又不愿自己负担，如不将退款交出，则报销无由，而且更宜被发现，那可不是仅将兑换率差额款解交就可了却的事情。因此，他的辩白是苍白无力的，甘肃洋务总局也抓住不放。彭英甲地处两难，只好当一回和事老，批曰："争回车价为数固不少，然应各说各事也。既称是该员争回之银元，即将案注明免缴可也。"原则坚持了，就算奖励吧。于是，洋务总局特别注明："前项册报洋元，业经本局按七钱二分核造请销在案，无从弥补。故念此项银两为数无多，且有争回车价之功，应准免缴，并候详明督宪另行挪款垫补可也。"始终未承认其合法性。张钟骏呢，不清就不清吧，厚着脸皮撑住，有钱花就行。

(二)麦、臧二委员兑银吃亏，扬言"典当"交补解银。郑州转运桥料委员麦方堃、臧炳文二人，在造销郑州转运经费时，兰平银一律按

| 065 |

| 宣统二年三月二十五日驻郑转运桥料委员麦方堃、臧炳文二人就经费报销短款问题再次具申辩解

| 宣统二年六月初十日驻郑委员麦方堃、臧炳文二人就桥料转运费造报短款问题具正申给彭英甲进行辩白

| 对驻郑桥料委员麦臧二人造报桥料转运经费短款一事洋务局和彭英甲分别在宣统二年六月十五日和八月初二日的批文

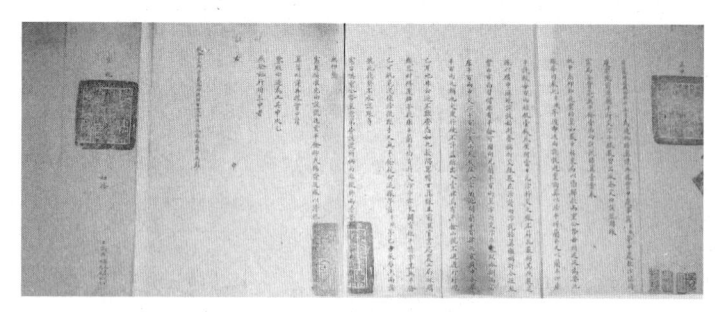

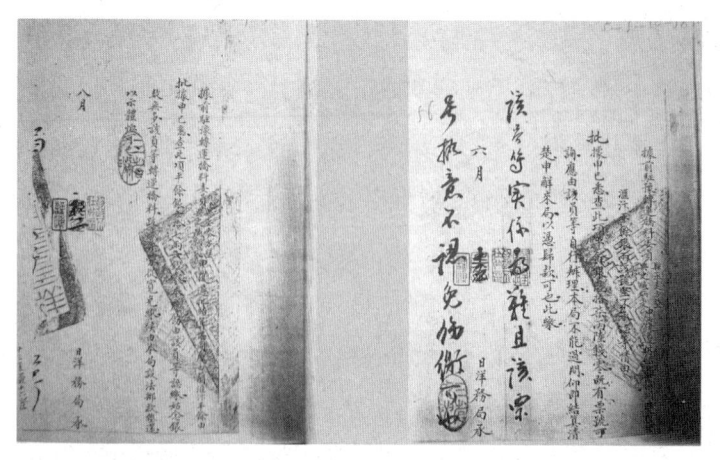

0.98的兑换率折算汴平银，又在另外的地方称库平银每百两大汴银2.35两。一般人看来，这二者根本不相干。可是，甘肃省洋务局的座办官员却从中看出了猫腻。原来，这里有一道算术题：兰平银对汴平银的兑换率为0.98，对库平银的兑换率为0.958，汴平银对库平银的兑换率为0.9765。请问，兰平银100两是否等于98两汴平银？

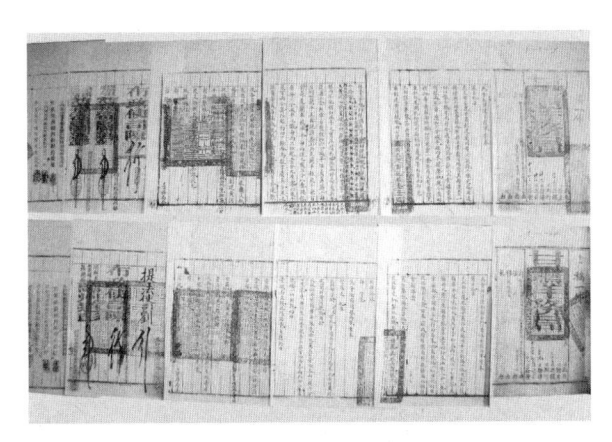

宣统二年九月二十三日甘肃洋务局为员勇薪工免扣六分减平事致陕甘总督详和同年十一月二十五日甘肃洋务总局就建桥各款核销六厘销费应由统捐总局领解事详督宪

解：兰平银100两=库平银95.8两；

汴平银98两=库平银95.697两；

答：兰平银100两比汴平银98两多0.103两。

显然，问题出在兰平银对汴平银的兑换率上。于是又引出一道代数题率。

已知：兰平银对库平银的兑换率为0.958，汴平银对库平银的兑换率为0.9765，求兰平银对汴平银的兑换率。

解：设兰平银对汴平银的兑换率为X

则　100×0.958=100X×0.9765

　　　X=0.981055

可见，麦、臧二委员少报了兰平银对汴平银的兑换率，也就总共少报了收入库平银67.69两，使整个收支不平衡。于是甘肃洋务局就扎饬二委员补缴库平银67.69两。麦、臧二委员辩称，协同庆驻汴钱庄就是按0.98的兑换率向他们支付银两的。洋务局说，那应由你们到协同庆钱庄把钱要回来交给洋务局。于是麦、臧二委员就去找协同庆驻兰钱庄（与协同庆驻汴票庄是同一个银行的分支机构）。驻兰协同庆票庄说那是驻汴钱庄办的，你们应去找协同庆驻汴钱庄。这样一来，可难煞了二委员，相距2500

关于建设兰州黄河铁桥各项经费核销六厘销费的一组档案文件

里，去要60余两银子，连路费都不够。于是就禀告彭英甲，请求免缴。开始还说，如不免缴，"典当补交"；后来干脆说，如不免缴，"典当俱无"，摆着一付要钱没有，要命有一条的架势。彭英甲多方权衡后，同意"免饬缴可也"。甘肃省洋务局则以"转运桥料跋涉辛劳，从宽免缴，俟由本局设法挪款垫还，以示体恤"作结。仍然是把问题吊了起来，不承认其合法性。从整个过程看，麦、臧二委员实属冤枉，占便宜的是驻汴协同庆票庄。但是，谁叫当初对兰平兑汴平0.98的兑换率不用汴平对库平的兑换率进行逆向换算检验呢？也是自食其果。

另外，甘肃洋务总局向清政府中央财政部和度支部造报兰州黄河铁桥工程各项开支时，除缴6厘消费外，还要扣6分减平。这下可轮到甘肃洋务局作难了。造报时间是宣统元年（1909年）十一月十三日，离铁桥竣工已五个月，建桥时所雇护勇等各色人员均已在铁桥竣工之后就立即遣

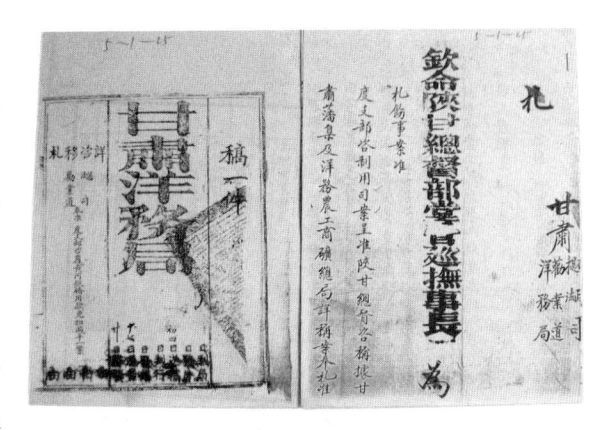

散，工薪等项开支早已支付，从哪里再去扣回这6分减平呢？再说，当初支付工薪等项开支时，是兰平银和文钱支付的，并未动用库平银，也不存在减平的问题。真是螳螂捕蝉，黄雀在后。没有办法，只有详请陕甘总督长庚向中央请求免扣6分减平了。

宣统三年四月二十九日陕甘总督长庚就员勇薪工免扣减平事札藩臬二司并劝业道洋务局和甘肃洋务局于同年六月初四日就员勇薪工免扣减平事咨移藩臬二司和劝业道

如此是是非非，追根溯源，都是货币多元化惹的祸。看来，清代晚期的货币智力大游戏并不是好玩的，一不小心，差之毫厘就失之千里。无怪乎历史学家们要说秦始皇统一货币是一大历史功劳！也无怪乎经济学家们是那样重视金融货币在经济发展中的重大作用！

史论家的题

　　兰州黄河铁桥建成以后，交由皋兰县和兰州府经营管理。由皋兰县选募壮丁12名充作铁桥巡兵，常川驻桥，轮流巡查，兼资弹压。每年由甘肃统捐总局拨兰平银400两，兰州府拨税银兰平银200两，共600两，作为维护铁桥的常年经费。同时，甘肃洋务总局制定了《管理及岁修铁桥法程》、《巡兵站岗及车马行人往来条规》等使用、管理的规章制度。宣统二年（1910年）六月，在铁桥竣工刚好一年，铁桥路面木板铺设仅九个月时，就对铁桥木板进行了补修更换。此后，这类小修是常有的事。而人们通过铁桥过兰州黄河也慢慢习惯起来，最初的那种惊奇、猜疑和种种担心都没有了，渐渐变得平静以至淡忘，似乎铁桥就如向北、向西远去的马路一样，早就是应有之例，"没有铁桥，这马路不就像人的腿骨断开了一样，那还能行车、走人吗？简直不可想象。"于是乎，当初创建兰州黄河铁桥的种种情形，在一般人头脑中，不仅淡忘，而且无影无踪。彭英甲是谁？升允又是何许人物？管他呢！当前的事要紧啦！

　　可是，历史对于兰州黄河铁桥创建的事是不会淡忘的。而且，正是随着一般人们对铁桥建设的淡忘，文人雅士对铁桥的咏叹、史论家们对铁桥建设的历史述评、研究、考证和介绍，却从无到有，日渐热乎起来。其所研究涉及的课题，也从最初的一般历史而到了经济史、交通史、桥梁史，再到历史文化、中西经济技术交流与合作等等，探索面越来越广，考究越来越深化细致。研究成果的表现形式，

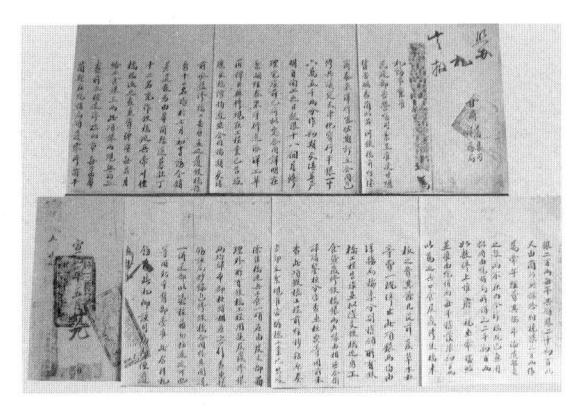

宣统二年五月二十九日陕甘总督长庚就兰州黄河铁桥的使用维护问题扎甘肃藩臬二司和洋务局

也由"记"而"论"，再到各种"志传"、"专著"，数量日益繁多。至于民间，有人把淡忘的过去提了出来，一下又"新鲜"起来，于是孙子考问爷爷，媳妇请教婆婆，使行将就木而伤感的老头儿老婆婆一下领悟到自己存在新光辉，颇有几分自鸣得意地从"想当初，祖爷爷的祖爷爷从山西老槐树下来到兰州"说起。媳妇孙子听后，一下感到自己比别人高了三分，赶快跑到自己的伙伴儿那里，添油加醋地将爷爷奶奶的故事重复起来。如此一传十，十传百，就传到新闻记者和史论家的耳朵里，随即又转化为"历史新发现"的新闻，上升为"民间口述史"资料，通通又成为史和论的补充和援引的新史料。如此"教学相长"，历史开始膨胀起来，真实的历史事实也变得模糊起来，呈现出黄河铁桥众说纷纭、莫衷一是、问题成堆的"新局面"。谁是谁非，只好请档案出来加以澄清了。

（一）左宗棠究竟是何时提出创修兰州黄河铁桥的？

志传、史论有两种观点：一是"同治年间"，一是"光绪初"。左宗棠是到兰州以后才提出创修兰州黄河铁桥的，因为，他未到兰州之前根本不可能有必须创建黄河铁桥的认识和思想。对此，各家没有异议。而

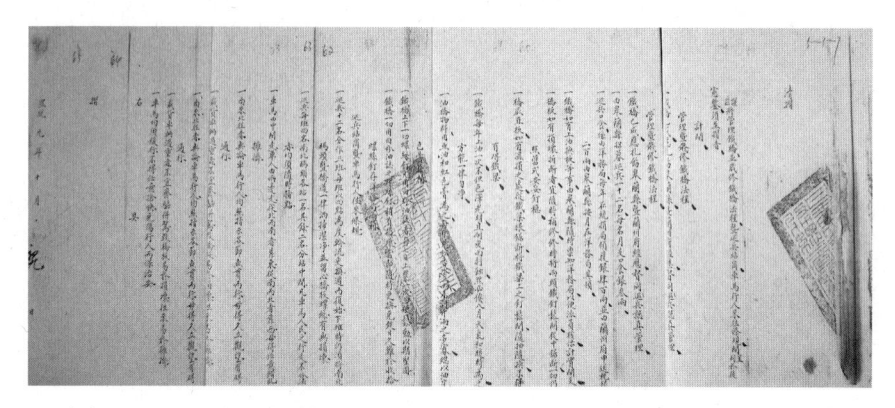

宣统元年十月初九甘肃洋务局就铁锹管理、岁修法程、巡兵站岗、车马行人来往条规的清摺

左宗棠是同治六年（1867年）率军由潼关经陕入甘，同治十年（1871年）进驻兰州，光绪六年（1880年）十月离甘赴京的，因此，两种说法都有一定的道理，但都不具体。比较两种说法，有一个共同点，都说是左宗棠与福克商谈建桥事宜，由于福克索价过高而中止。

福克确有其人，是德国呢毛纺织工程师。他之所以来兰州，是因左宗棠创办兰州织呢局需技术人员，受聘而来的。左宗棠创办兰州织呢局是光绪四年（1878年）才提出来的；光绪五年（1879年）从德国购买机器设备，同年十月陆续运到兰州。随之，德国技术人员和工匠也陆续来到兰州，其中就有福克。福克在兰州织呢局机器安装和组织试车等过程中，逐步取得了左宗棠的赏识和信任，与最早到兰州的史德洛米一道，成为兰州织呢局事实上的主管官员，这才有可能成为左宗棠创修兰州黄河铁桥选择的谈判对象。而左宗棠在光绪六年（1880年）十月就离兰赴京了。所以，左宗棠正式提出创修兰州黄河铁桥只能是光绪六年初，既不是同治年间，也不是光绪初。

（二）兰州黄河铁桥的原材料购自何处？

也有两种说法：一是购自美国，从美国进口；一是购自德国，从德

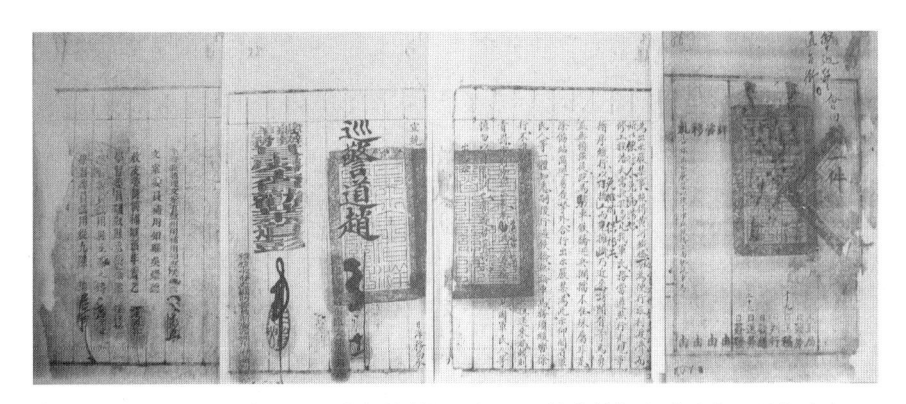

宣统元年正月初六甘肃洋务局为保护铁桥所做的严禁在铁桥上弛跑车马的规定

国进口。说从美国进口者,是依据两个材料进行的推测:一是铁桥上有美国桥梁公司的标记;二是1938年左右有人写了一本书《甘肃生产建设之过去、现在与将来》(作者无考,书未写完,也未曾公开出版过)的第二部分"彭英甲时代"中,论及黄河铁桥时,断言泰来洋行只不过是个中间经济人,把兰州黄河铁桥承包下来后,又转包给了美国桥梁公司。既然最后是由美国人承包修建,那当然是从美国购买进口原材料了。此种推测在兰州黄河铁桥档案中,没有任何只言片纸的材料可资佐证。说从德国进口者,实际上也是一种根据铁桥由德国商人包修的事实而进行的推测,因为论者没有拿出任何证据进行证明。从黄河铁桥档案看,铁桥原材料是从德国采购,从德国进口的。证据至少有三个:第一,光绪三十二年(1906年)九月十一日,双方签订的包修兰州黄河铁桥正式合同的第七条规定:铁桥"各料件由德国上船,接到德国领事馆电报,再交银3.25万两"。第二,光绪三十三年(1907年)八月八日,《驻津桥梁委员张钟骏致甘肃洋务总局三总台函》中称:"头批洋灰、铁料,业已分起运郑;二批汽柜、锅炉,不日亦可启运;三批桥梁栏杆,接德厂来信,定于明年三月始由德国上船,运津赶到,必须四月初间。"第三,光绪三十四年(1908年)四月二十日:《驻津桥料委员为接运桥料和购买其他

甘肃洋务局宣统三年编制的宣统四年兰州黄河铁桥保护和维修的预算表

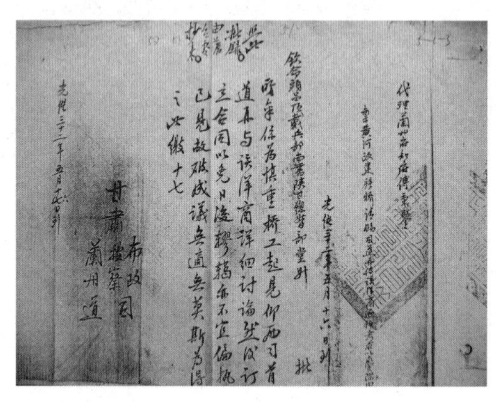

光绪三十二年五月十六日陕甘总督升允对代理兰州府傅秉鉴条陈的批文

设备材料所用经费照验销案事致彭英甲申》云："候到（光绪三十三年）七月，泰来洋行始从德国运到洋灰、铁器材料，陆续载津卸存仁记栈房。"这些材料虽不是泰来洋行的原始档案记录，但系当时人记当时事，总比后人在不看任何档案记载的情况下进行推测的结果要真实可靠得多。这些材料记载还同时澄清了"转包说"的错误。天津泰来洋行并没有把黄河铁桥整体转包给美国桥梁公司包修，自己仅赚一笔"经纪"佣金，而是把铁桥设计和施工的劳务给了美国桥梁公司，而桥料的采购、海运和整个铁桥工程的经费、调度、管理，还是由泰来洋行负责。泰来洋行是在德国驻天津领事馆的监护下，按照占有市场、推销本国产品的原则来包修兰州黄河铁桥的，哪有轻易把技术含量并不高的铁桥原材料市场让给美国的道理。况且，那时的美国在科学技术上还仅是德国的小兄弟、小伙伴，让一杯羹给他喝已是关照备致了，不可能甘当经纪人，为美国赚大钱提供服务。

（三）兰州黄河铁桥包修合同的签约程序究竟是怎样进行的？

有人说："白遇道执政甘肃按察使大权，并千方百计从中作梗，致使建桥事宜久拖不决。幸得甘肃布政使丰申泰出面干预……黄河铁桥建桥一事总算定了下来。后

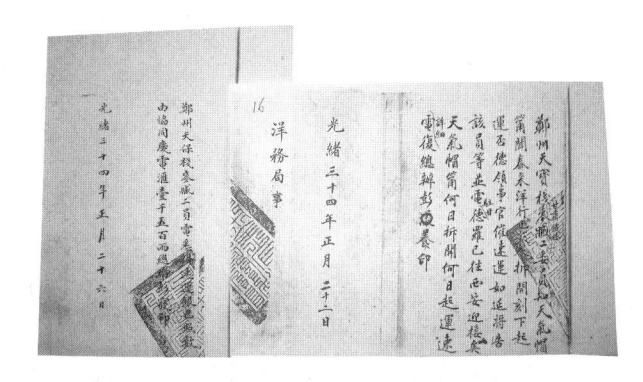

彭英甲给郑州桥料委员的先后两份电报，表明天宝栈就是甘肃驻郑州转运桥料站的地址

宣统元年十一月十三日甘肃洋务局造由郑至陕转运桥料料用过运费等项银两四柱清册

经陕甘总督奏请清廷批准，同年十月，彭英甲代表中方与德商喀佑斯签订建桥合同。"这个论断，看起来头头是道，实则错误百出，简直到了胡说八道的地步。第一，光绪三十二年（1906年）五月初草签喀佑斯包修兰州黄河铁桥合同时及其以后几个月，甘肃按察使是黄云，而非白遇道。白遇道是九月十一日签订正式合同前不久才履任甘肃按察使的，并参与了正式合同签字。至于黄云和白遇道是不是铁桥创修的反对派，兰州黄河铁桥档案中未曾提供任何线索。即使白遇道实系反对派，在五、六、七、八几个月进行的激烈论战中，最多只是一个反对派成员，不可

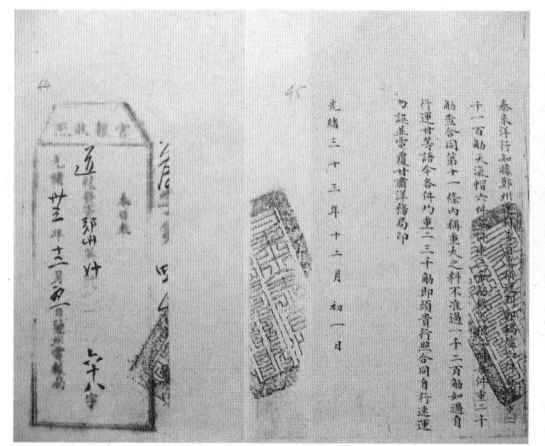

光绪三十三年十二月初一日彭英甲就超大件的转运问题致电泰来洋行

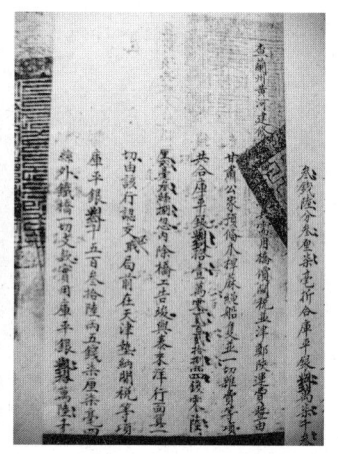

甘肃洋务局造兰州黄河包修铁桥收支各项银两数目四柱清册中的最后一段话

能以"按察使大权""从中作梗"。第二，甘肃布政使丰申泰，是五月草签合同的甘肃最高行政长官，也是其他所有有关建桥事宜重要公文的领衔人物，何须专门"出面干预"。至于丰申泰在建桥问题上是支持派还是反对派，在档案中面目不清。即使他把自己当成局外人，又依据什么说他"出面干预"了？又是怎样"干预"的？倒是讲陕甘总督升允出面干预还勉强说的过去。因为同年五月十四日，《陕甘总督升允就傅秉鉴条陈事给甘肃藩、臬二司和兰州道批》一文中，升允明确指出："不宜偏执己见，故破成议。无适无莫，斯为得之。"这才是有职（陕甘总督）、有权（地方最高军事行政长官）、有理（赞成修铁桥，却并没有参与争论）的干预，也才是最有力的干预。第三，《陕甘总督升允就筹建兰州黄河铁桥事上慈禧太后和光绪皇帝奏折》是光绪三十三年（1907年）十二月十九日，比签订包修兰州黄河铁桥正式合同的时间，整整晚了一年零三个月又八天。此时，大部分桥料都已在从天津到兰州的转运路途中，且第一批桥料和建桥的工程师与工匠69人都已抵达兰州，铁桥开工在即。所谓

光绪三十三年十二月十九日陕甘总督升允为兰州修建黄河铁桥事专差具奏的奏书中的一段话

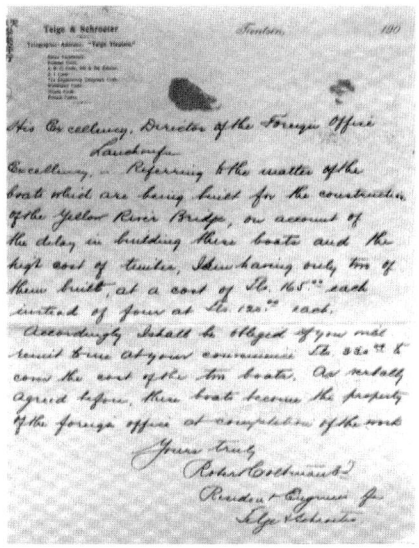

光绪三十四年三月二十三日德商泰来满宝本就修船四只价银事致彭英甲涵

"后经陕甘总督奏请清廷批准,同年(1906年)十月,……签订建桥合同"云云,完全是按今人的官方办事程序去套一百年前古人的主观想象。殊不知清政府的工作程序刚好相反:凡办一事,先由相应的主管官员按职权去办,办不成即作罢论,既不用请示批准,也不用汇报;如果办到一定程度后,有把握办成,则具详上呈(对皇帝是上奏折)请求批准立案,以便办完事情后据案核销有关支出经费。这在升允的奏折中表述得十分清楚,决不是先奏清廷批准,回过头来再签合同。

(四)兰州黄河铁桥料件河南转运站究竟设在何处?

到目前为止,所有公开半公开的有关黄河铁桥的各种文论和著作,包括新近出版的《兰州市政志》在内,均说桥料是用火车从天津运至河南新乡,从新乡起用马车经西安运至兰州。此说首先在情理上就不通。新乡在黄河以北,当时河南黄河上只有京汉铁路桥而无公路桥,马车拉

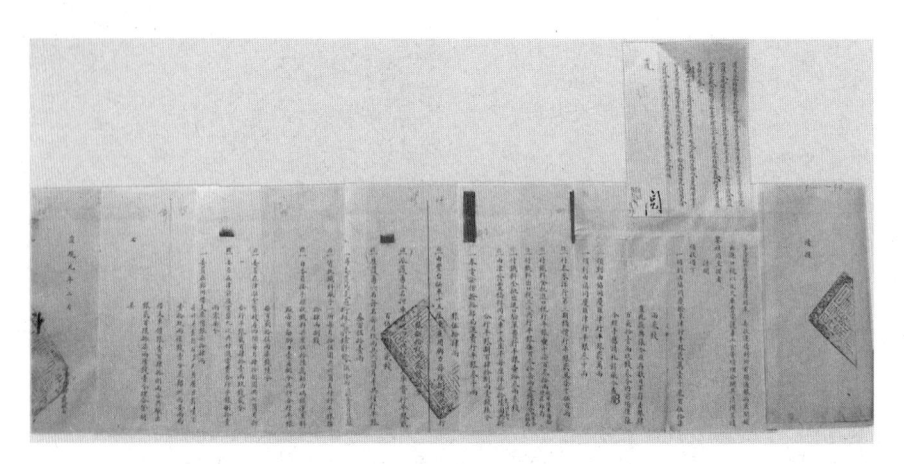

宣统元年二月赵毓岳造赍在津收支各项经费银两清摺

运桥料，怎么过黄河？再说，当时京汉铁路已通至武汉，桥料经火车运到郑州，既可省去渡过黄河的麻烦，又可缩短马车运输路途好几百里，偏要舍近求远，弃简就繁，岂不傻帽透顶？！经查兰州黄河铁桥档案，"新乡"二字在整个568件档案文献中仅出现过1次，出自《总办甘肃洋务总局彭英甲等与德国泰来洋行喀佑斯拟定包修兰州黄河铁桥合同》，原文："所有修桥机器等件，求甘肃运料大车捎来，修桥竣工后，机器等件，泰来行自行运回天津，但须求甘肃官家代为雇车，泰来出价，送至河南新乡火车站。"其他档案文献概未提到"新乡"二字。仅此"新乡"二字，也只是讲修桥所用机器设备在铁桥竣工后回运天津过程中马车运输的终点，根本就与铁桥料件无关。与此相反，档案中讲铁桥料件"由津运郑"、"由郑至陕"之类的话，无论在详、移公文、报销清册中，还是在来往信函、电报中，可说比比皆是。不仅如此，还有至少11件档案文献就记载了铁桥料件河南转运站就设在郑州火车站的"天宝（亦作保）栈"客店。另外，档案还载明，郑州存放桥料设了两个料厂，一个在钱塘里，一个在饮马池。这都是不难确考的史实。所以，"新乡"之说，实系无稽之谈，大可休矣！

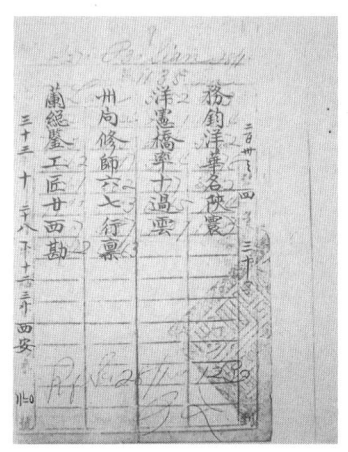

光绪三十三年十月二十八日西安转运站就建桥工匠离陕西行事致彭英甲电

光绪三十四年四月驻津桥料委员张钟骏造赍由津转运桥料至郑收支各款并纳税运费脚价房租等各项银两细数清册

(五)兰州黄河铁桥从国外进口运至兰州的原材料到底有多重？

《兰州市政志》说："2000吨钢材零部件、设备、机具。"《兰州公路交通史》云："400万斤。"二者所说重量是一致的，但不知根据为何？黄河铁桥的原材料从郑州转运到兰州，是用马车拉、人力手推车推、骡马驼驴驮进行的，一律按斤计算和支付运输费用。因此，所有桥料不仅一律过秤，而且记载十分细致和准确，否则不仅运输车户不干，而且在运输费用造报核销时不能求得运费和桥料重量相平衡。所以，在兰州黄河铁桥档案中，关于铁桥料件重量在郑州和西安两个转运站局的各种文、电、报销清册中都有大量且具体的记载，是不难搞清楚的。只有几件修桥大型机器设备，虽经拆卸进行运输，但因体积庞大，车户不愿按斤计价，而要求按件计运费，因而没有准确的重量记载，仅有"超过××斤"的大体重量。根据宣统元年(1909年)九月二十五日《郑州转运桥料委员造具桥料运费及委员薪工等项收支银两四柱清册》和同年十一月十三日《甘肃洋务总局造赍由郑至陕转运桥料用过运费等项银两四

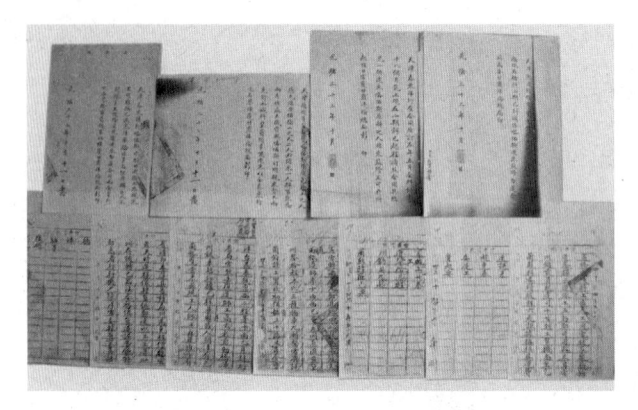

柱清册》所载，桥料重量是：洋灰2231桶，每桶重300斤，共重669300斤；铁器材料等项，共重508439斤。两项合计为1177739斤，这就是铁桥原材料的总重量。另有修

光绪三十三年十月初四日至十一日彭英甲为按合同催喀佑斯和德克来兰监修铁桥事致天津德国领事、泰来洋行电以及对方复电彭英甲

桥用的机器设备27件，按件运输，未计重量。光绪三十三年（1907年）十二月一日，《彭英甲就超大件转运责任致天津泰来洋行电》中指出："锅炉6件，每件重2100斤，天汽帽6件，每件重3000斤；机器柜2件，每件重2000斤。这14件，共重34600斤。其他13件，每件重量不足2000斤，按平均1800斤计，共重23400斤。合计重58000斤。再加上全部桥料重量，总重1235739斤，合617.8695吨，与2000吨（400万斤）之说相距太远了。然而，这是有根有据的事实。

（六）进口兰州黄河铁桥原材料究竟上了多少税？

一些文论和编著讲，总共纳税库平银3536两。这个数字有一定根据，来自宣统元年（1909年）十一月十三日，《甘肃洋务总局造赍包修兰州黄河铁桥收支各项银两数目四柱汇总清册》最后一段"总结叙述"，原文："查兰州黄河建修铁桥一道，统共需用桥价，关税，并津、郑、陕运费，及由甘肃公家预备木杆、蔴绳、船只，并一切杂费等项，共合库平银310228.406238两。内除桥工告竣，与泰来洋行面算一切，由该行认交还职局在天津垫纳关税等项库平银3536.50774两外，铁桥一切支

宣统元年二月十日西安转运桥料甘肃统捐局造自三十三批起至三十六批止所有
垫发脚架银两各数造具清册正副本

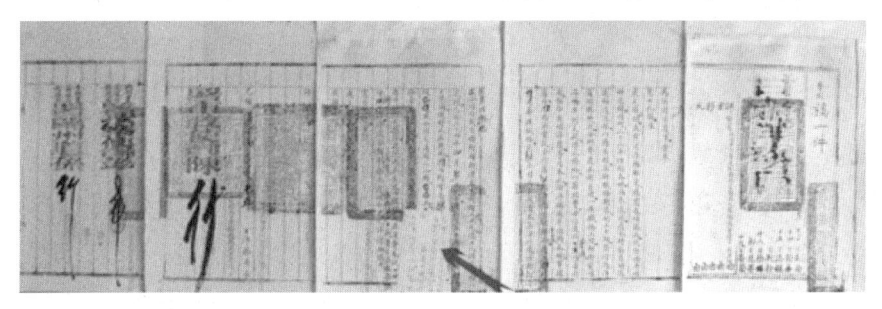

光绪三十三年十月十五日甘肃布政使陈灿等会衔为咨复度支部铁桥开工日期并
交银期限事致陕甘总督升允详

款，实用库平银306691.898498两。"原文突出泰来洋行认交还"垫纳关税"字样，或许有给清政府中央造成所有桥料关税都由泰来洋行"认交"的错觉，以掩盖桥料关税实由甘肃交纳的失误的深意，但原文也堪称滴水不漏、无懈可击。因为，在"垫纳关税"后面还有"等项"二字，什么意思？你可理解为是"各种关税"或"各种税收"，但也可理解为"关税和其他费用"，究竟是何意，那就看你怎么理解，怎么有利就怎么解释。这就是二十世纪二十年代之前公文写作中惯用的"凌空"表现手法的妙用之处。所以，仅据此材料来看铁桥原材料所纳关税数是缺乏把握性的，必须寻求其他材料进行印证。这种材料在兰州黄河铁桥档案中是有的，那就是同年六月二十三日《甘肃洋务总局与泰来洋行面

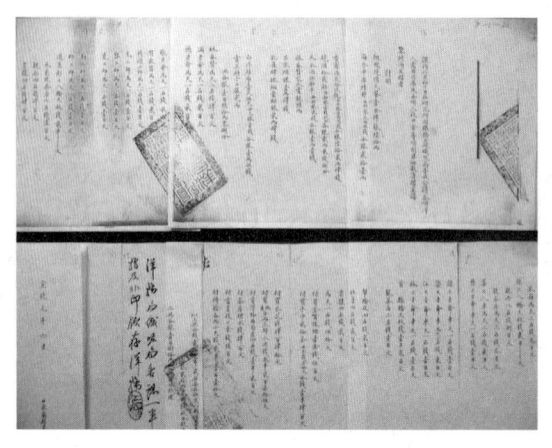

宣统元年六月皋兰县造六月十日因铁桥竣工织呢局告成公请各项洋人酒席用费细数清册

算应交应扣各款结算合同》，列出了泰来洋行认交建桥用机器设备关税银、由津运兰运费、代造四轮车工料费、从兰州官铁厂购买配件、皋兰县代造木船6支工料费等10项款项，共行平银8093.2805两。后来，有的应交费用，如代造四轮车6辆工料费，被彭英甲批准免交；有的应交费用个人垫支，扣还后直接还给了本人；最后应交还甘肃公家的费用，折算为库平银是3536.898498两。其中属于税银的是小车轨海关税222.69两；锅炉、气管海关税275.78两；天汽柜、钢丝、测绘器具等件，北京崇文门直隶省税147.37两；测绘器具海关子口17.69两；合计行平银663.53两，折合库平银641.6331两。其中没有一分一文的铁桥料件税银。铁桥料件税银完全是由中方缴纳的，泰来洋行没有承担分文。根据光绪三十四年（1908年）四月十二日《张钟骏造赍由津接运桥料收支各款并纳税、运费、脚价及伙食、房租、油烛等项银两清册》和宣统元年（1909年）二月十九日《驻津收运桥料委员赵毓岳在津收支各项经费银两清折》两文中所记载的各种纳税银数目进行统计，中方总共缴纳关税、子口税、直隶省税、统捐等，行平化宝银4759.29两，扣除泰来洋行认交的税银行平银663.53两，还有行平银4095.76两，折合为库平银是3960.59992两。这个税银数与一些文论所说3536两虽然相差无多，但性质迥然不同。3960.59992两是由甘肃实实在在所交的，因袁世凯、梁敦彦积压公文所造成的铁桥料件冤枉税银。而3536两则被误为是泰来洋行认交税银，其实根本没那好事。

（七）建桥工匠究竟从何处招雇？

《兰州市政志》记载："美国工程师满宝本为施工技术负责人，德国工程师德罗负责收管材料、统计施工进度等。天津人刘永起为施工现场技术负责人，从天津、上海等地招来技术工人10多人，雇佣兰州铁木泥工匠60多人及小工百余人参加施工。"阅读、研究兰州黄河铁桥档案后，对这段文字记述最强烈的感受是：飘得厉害。因为，按建桥合同，铁桥属于包修，施工技术人员和工匠队伍招雇、管理、使用等等，通通是泰来洋行的责任和义务，人家也没有向甘肃提供技术人员和工匠名单进行审查同意的义务，所有有关档案材料均于当时被泰来洋行所带走，在甘肃洋务总局形成的兰州黄河铁桥档案中可说是无片言只字的档案原件，刘永起的名字只在升允所撰《创建兰州黄河铁桥碑记》的末尾出现过一次，他是何方人士，担任什么职务，等等，均无从查考。只是从升允将其记入《碑记》这点看，他应该是施工中中国技术人员和工匠的总负责人，在建桥中的作用至少与满宝本并驾齐驱，说他是铁桥施工现场技术负责人或实际上的总工程师，都不为过。但说他是天津人以及主要技术工匠是从天津和上海招雇，还在兰州招雇铁木泥工匠60余人等等，其根据就不知何在了。使人不能不怀疑其史料来源系传说、误传和想象。固此，其记载就偏离

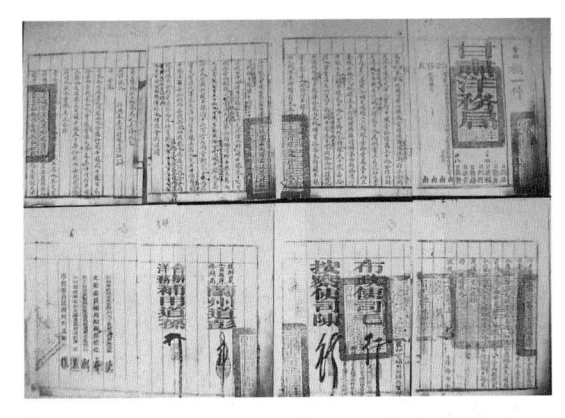

宣统元年六月二十八日甘肃洋务局就建设兰州黄河铁桥所用各项经费及相关问题详陕甘总督并移统捐总局

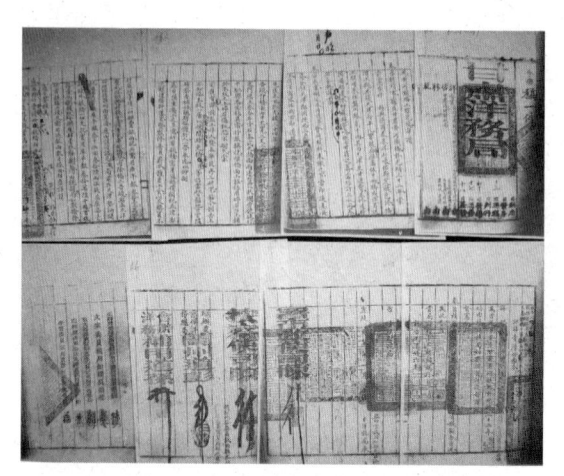

宣统元年十一月十五日甘肃藩臬二司和兰州道会衔为建设兰州黄河铁桥用过一切银两奏咨核销和褒奖有功人员事给陕甘总督长庚的详并咨甘肃清理财政局

事实太远。

根据兰州黄河铁桥档案，建桥工程技术人员和主要骨干工匠，均来自于国外和中国东部省份，共69人（这个69人，经过误传，就成为《兰州市政志》所说的"雇佣兰州铁木泥工匠60余人"），其中，美国工程师2人：满宝本和克尔曼（克尔曼在黄河铁桥档案中，仅在光绪三十四年年十一月二十六日驻天津德国领事克华就泰来洋行催运桥料和误期索赔事致甘肃洋务局电中出现过一次，因而常被忽略）；泰来洋行驻兰经理（亦称账房、工程师）德罗，其余66名，均系中国技术人员和工人。他们究竟是哪里人？档案中毫无线索，但都不是在兰州雇佣的。从档案记载来看，多半是从泰来洋行在河北、河南所承担的工程上抽调来甘肃兰州的；其中也有1名中国通事张详会和1名外语翻译。根据是光绪三十三年（1907年）十月七日《天津德国领事就工程师及工匠动身赴兰事致甘肃洋务总局电》称："现已遣工程师2人，华工程师并高等工匠65人，于两星期前已由津动身。"同日，《驻郑桥料委员为请汇桥料运费事致彭英甲电》云："工程师满宝本率华匠69人，初三由郑保护西进。"十月二十八日，《西安桥料委员沈朝云、高镜寰就洋工华匠过陕西行事致甘肃洋务总局电》说："修桥工程师率华匠60名，二十七过陕西行。"宣统元年（1909年）十一月十三日，《甘肃布政使陈曾佑等会衔

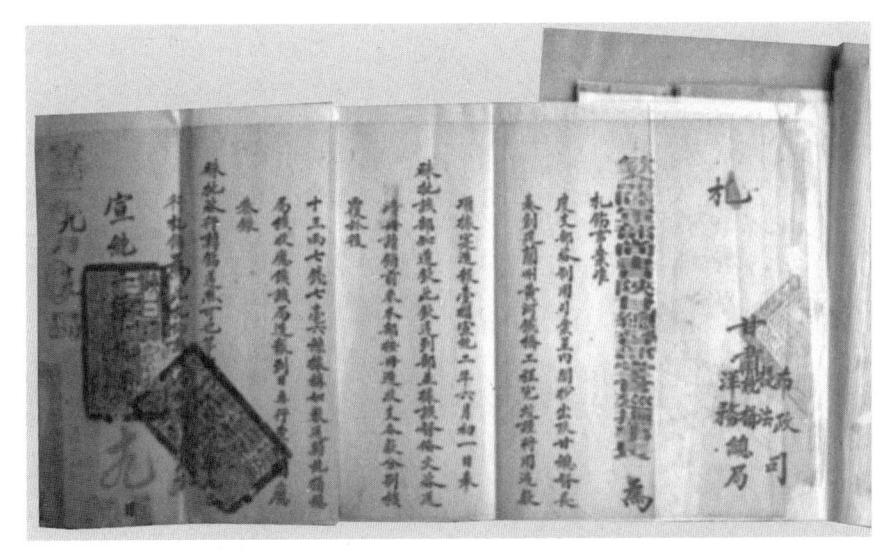

宣统元年九月十九日陕甘总督长庚就铁桥经费奏销事札

为奏销黄河铁桥一切款项和保奖有关人员事致长庚详》亦称："该洋商喀佑斯，亦即遵照合同，招雇洋匠华工六十七名，先后来甘。"这些材料所述洋工华匠人数大同小异，其原因有计算方法问题，如德国领事电显然未计两名美国工程师所带中国通事和翻译，而郑州将其一并计入"华匠"之中，西安又将美国工程师、中国通事、翻译、中国工程技术人员等"官员性"人物一概计入"工程师"之中而区别在"华匠"之外。当然也还有个"先后来甘"的问题。但有一点是既十分明确又极其肯定的，即从外省招雇的中国工程技术人员和工匠在65人以上，远不止"十余人"。

至于兰州再招雇一些铁、木、泥、石工匠和小工，作为建桥辅助劳动力，如上山打石头、将圆木解成方木和运水泥等等，都是清理中的事，不讲并无不可，非要说是"六十余人"和"百余名"，就既无根据，又画蛇添足，与其讲了误导读者，还不如不讲，留待读者去想象。

（八）桥料从西安转运至兰州是兰州车户王新年独运吗？

包括《兰州市政志》在内的一些文论和编著，都给读者编了一个一百年前兰州诺亚方舟似的美丽故事："兰州铁轮大车户王新年，经泰来洋行介绍，在天津定造6辆四轮和六轮大车，旧式大车40辆，承担运输任务。新乡至西安，由直、鲁、豫、陕4大省大车伙运，西安至兰州由王新年独运。"你去想象吧，一辆大车加上三匹骡马，少说白银1000

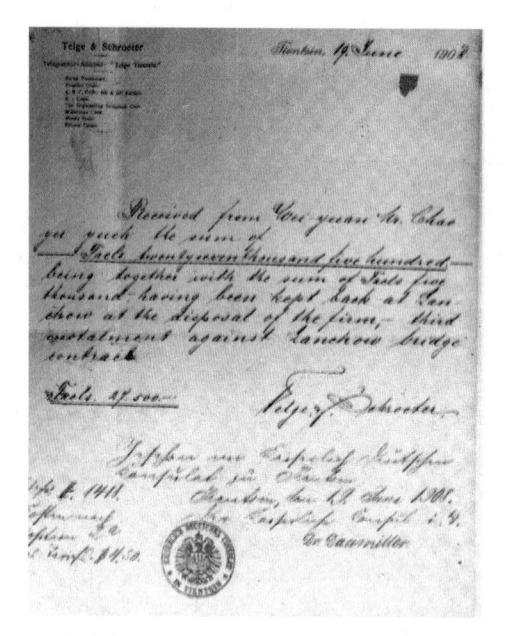

泰来洋行总经理代理奥国领事和德国领事为收到第三期桥价款3.25万两所出具的收条

两，40辆大车就有4万两；再加上四轮和六轮大车六辆，每辆需三辆大车的骡马，计3000两，共18000两；几项合计共6万两。再加上车园、马棚等固定资产和上百号车夫及流动资金，王新年至少是拥有资产20万两的资本家；他击败了西安的众多车户，垄断了铁桥料件从西安至兰州的运输。兰州不能小看，在一百年前就比西安更有实力。这个故事的材料也不知来自何处？在兰州黄河铁桥档案里，王新年的名字没有出现过，只有"王姓车户"、"王大帮"的记载。因此，王新年是否承运过桥料都是个问题。即使姑且把"王姓车户"定为王新年，那也绝不是"独运"。

光绪三十三年（1907年）八月十一日，《西安桥料委员沈潮云、高镜寰为派兵役接站护送铁桥料件事至彭英甲禀》称："惟此项桥料用车甚多，以现到郑之洋灰一宗约略计之,每车载重1500斤,要在五百辆之谱,铁料尚未与焉……一面禀商西安府县,请代雇拨民车,并恳详咨陕宪转饬各属,力为协济,俾早蒇事。"如由王新年独运,何必如此劳神费力,在西安到处雇车,以至采用行政手段,惊动陕西藩司饬属协济。

再看,同年十二月十四日,《沈潮云、高镜坏就转运桥料车辆搭客带货照章允罚事致彭英甲禀》说:"各车户以卑局发价足平足色,又系扫数发给,此中与装货稍占便宜,故舍彼而就此。各行店多以不便于已怨及卑局者。"如果是王新年独运,西安"各车户"哪有"舍彼就此"的机会,未能揽上活的"各行店"又有什么理由"怨及"甘肃西安统捐局呢?兰州的货,兰州自己运,你管得着吗?!

光绪三十四年(1908年)八月二日,《西安桥料委员就二帮桥料转运事致彭英甲禀》云:"无如此次料物大半皆长过一二丈有余,陕西车家一见皆视为奇货,不但价不容减,尤欲以郑州为比例,格外索价。"这么好的运输机会,实力雄厚的王新年跑到哪里去了?甘心坐视"陕西东家"敲我兰州竹杠?唉!不争气!

同年十二月三日,《刘启烈就接办西安桥料转运情形致彭英甲申》称:"因赶觅轻便车辆,将钢丝、吕宋等绳五盘,并铁料五块,过秤装载,商请前办沈委员潮云先行押运回省。其余桥料各件,既长且大,笨重非常。正焦急间,适王姓、公姓大帮烟车来陕,当传车行招至,饬令分装。现已得大车五十辆,一俟装载齐全,即于初六、七日开车西上。"王姓大帮到这时才出现,且要由"车行招至",可见是生客。但已是尾批桥料,"所剩不多"了。并且,非为专运桥料而赴西安,而是运水烟至西安给碰上了,该着王大帮发财,不仅赚了一笔外财,还赚个子孙吹捧"独运"的美名。且活着没有把"公姓"车户挤垮,死后终于把"公姓"车户赶出了局,把他的车夺过来加在一起,总共不过大车50辆。

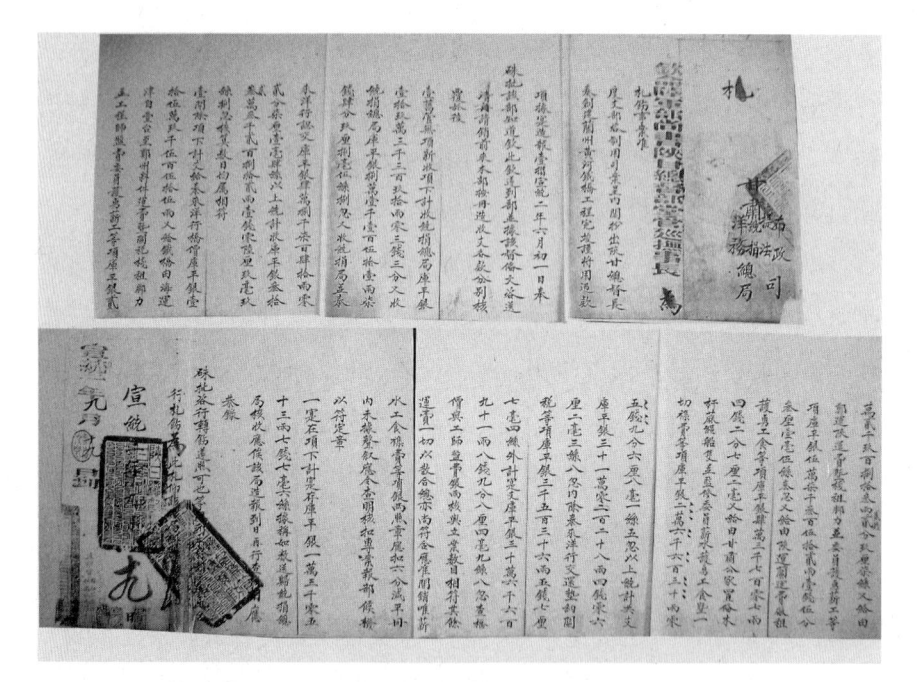

宣统二年九月十九日陕甘总督长庚为转饬六月初一日的朱批事扎甘肃藩臬二司和洋务局

十二月十九日，《易燨为转运桥料致彭英甲禀》又说："及刘启烈接代，遵即会同该员觅雇大帮车九十辆，前后三批运解来甘……现查厂中所有大小铁器，仅64件，约计不及二万斤，拟觅便车，全部起运……刻未悉尾数无几，随到随运，不日即可竣工撤厂矣。""大帮车九十辆"，剩下的二万多斤，"拟觅便车"就轮不到王大帮，况即"竣工撤厂"，就无货可运了，王大帮连尾批料都"独运"不成。

宣统元年（1909年）二月十日，《西安转运桥料甘肃统捐局造赍转运桥料垫发脚价银两清册》，列数了"王姓车户"参与运输的最后4批（33—36批）桥料运输车户及其车数和每辆大车把式及其所运桥料重量：第33批共发大车31两，其中车头王大帮23辆，车头公大帮8辆；第34批共发大车19辆，其中车头乔大帮8辆；车头刘揽头3辆，车头石中才8辆；第

35批共发大车28辆,桥车2辆。其中,车头梁大邦12辆,车头周大邦8辆,车头韩大邦10辆;第36批共发大车5辆,车头刘姓。可见,"王姓车户"只参与了第33批桥料运输,总共承运了23车,52126斤。哪有什么"独运"的影子!

至于说到王新年到天津定造四轮和六轮车6辆一事,巧得和郑州桥料转运站专门创作了四轮车6辆仅如此一致。所不同的,只是郑州站是就地制造,而王新年却摆阔,舍近求远,跑到天津去制作;郑州站造车在档案中多处载之凿凿,而王新年到天津订车却无蛛丝马迹。谁真谁假,不言自明。

(九)兰州黄河铁桥的开竣工时间究竟是何时?

多数文论、编著,都说铁桥开工时间是光绪三十四年(1908年)二月,一般不讲日期。这与兰州黄河铁桥档案大部分文献的记载是相吻合的,无庸赘述。但有的讲到日期时就模糊了,给了一个长长的时间段:"公元1908年3月3日至3月31日。"也有的说,是光绪三十四年(1908年)四月十日。其依据可能是该年十月十五日《甘肃布政使陈灿等会衔就铁桥开工日期及桥价付款情况咨复度支部事致升允详》一文中说,铁桥"已于三十四年四月初十开工"。这是黄河铁桥档案中的一件最早正式上报铁桥开工日期的公文,以此为据确定铁桥开工时间是无可非议的,问题是要把文件看清楚。该文在"四月初十开工"处有一文件起草人的飞签注,曰:"铁桥开工日期,可否改报三、四月,留作将来展限地步之处?理合禀请核示遵办。"意思是说,黄河铁桥建设有可能超过18个月的合同限期,为了到时不至于被动,应留有展限余地,可否将开工日期晚报一个月到两个月,请示彭英甲定夺。彭英甲在飞签上批道:"甚是!"固此"四月初十"就作为铁桥开工日期正式上报了。所以,讲铁桥开工的实际日期是光绪三十四年(1908年)四月十日是不对的,应是二

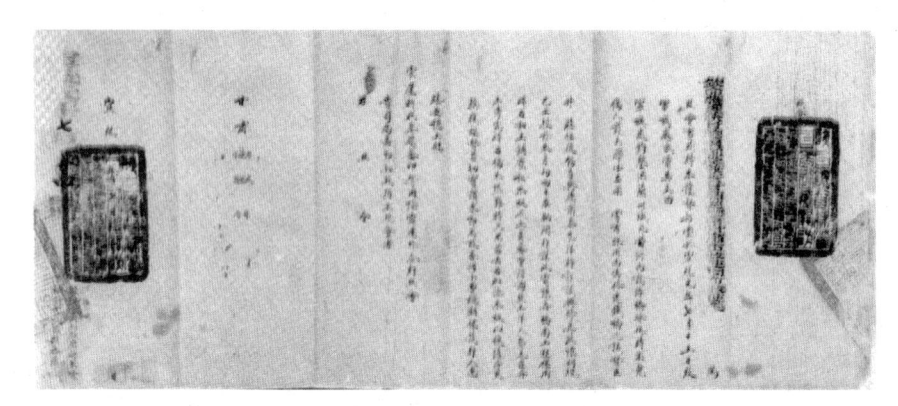

宣统元年七月十四日护理陕甘总督毛庆藩为铁桥路面改铺木板事给藩臬二司何洋务局的照会

月十日。同年二月十八日《甘肃布政使丰申泰等会衔为请将购买民地批示立案事致升允详》中称："窃查黄河铁桥现已开工"云云，也佐证了这一点。其他文件一律载明是二月，没有载明日期。其实，日期在档案中也是载明了的。

说到竣工日期，那就花样百出了。有说宣统元年（1909年）六月的，也有讲是同年七月八月甚至九月的，莫衷一是。究竟为何时？在黄河铁桥档案中，各种文件一致载明是六月，但都没有载明日期。在档案中，与竣工有关的事件发生日期记载，可资参证：同年六月，《皋兰县令赖恩培造具铁桥工竣和织呢局呢匹告成宴请各色洋人酒席开支银两细数清折》云："谨将六月初十日，在研究所……公请各色洋人……"，表明铁桥在六月十日全已竣工；六月十七日，德罗将铁桥竣工后一切有关设备和剩余水泥均安排处置完毕，并向彭英甲致函交待。六月二十二日，甘肃洋务局与德罗当面进行建桥各项经费结算，并签定《应交应扣各项结算合同》；六月二十八日，皋兰县令赖恩培禀报："奉护帅谕"，向工程师满宝本和德罗赠送各色湖皱各8尺的告别礼物，满宝本离兰回国。七月四日，举行铁桥通车仪式，七月五日德罗启程返津。可见，铁桥竣工时间是六月上旬，绝不是七月，更不会是八月、九月。

(十)兰州黄河铁桥改沙石路面为木板路面究竟是怎么回事？

包括《兰州市政志》在内的一些文章和著作，像写小说一样为人们塑造了一个在兰州黄河铁桥建设中并不存在的敢和洋人叫板的一位英雄，就是在阅读黄河铁桥档案中使人感到十分别扭而好装腔作势的护理陕甘总督（本职为甘肃布政使）毛庆蕃。"铁桥原设计为木纵梁上横装铁板，施工时横装木板，上铺碎石沙土，护理陕甘总督毛庆蕃不予签收凭证。九月，德商刮去石子，加铺一层木板后，签署验收凭证。"照此说法，黄河铁桥路面用碎石沙土路面铺就，是质量不合设计要求，毛庆番坚持原则，不予验收，迫使德商刮去砂子，改铺木板，算是勉强过得去，毛庆番才予验收签字。其所花工料费，仍在行平银16.5万两中。又是一个天方夜谈。在兰州黄河铁桥档案中，第一，兰州黄河铁桥从筹备、桥料运输、开工建设，到竣工、铁桥交付使用、保护维修的全部过程中，没有关于验收签发凭证的任何记载。而且，即使要验收签字，也不会动劳护督毛庆蕃的大驾，理应由建桥合同签字的第一责任人，即兰州黄河铁桥工程项目的法人代表彭英甲去进行。奇怪的是向来在原则上对洋人寸步不让的彭英甲，在铁桥路面改造上自始至终不置一词，好像突然间从兰州蒸发了似的。第二，铁桥怎么建？德商向甘肃洋务总局报送了一幅设计图，上面绘出了铁桥整体设计图、平面图、路面分层结构图、两面栏杆图等等，其中无纵木梁上横装铁板的设计。兰州黄河铁桥档案中有图为证。第三，铁桥于六月上旬竣工后，毛庆蕃忙的是请洋人吃饭、送礼等事情，不见对铁桥质量有何不满的言行，直到七月五日举行通车仪式，参与建桥的最后一个人德罗返津为止，不见毛庆蕃提出过任何问题。又过了十日，七月十五日，在修桥的洋工华匠早已全部离开兰州的情况下，他在给军机处的电文中，首先说：铁桥"现已工竣，于

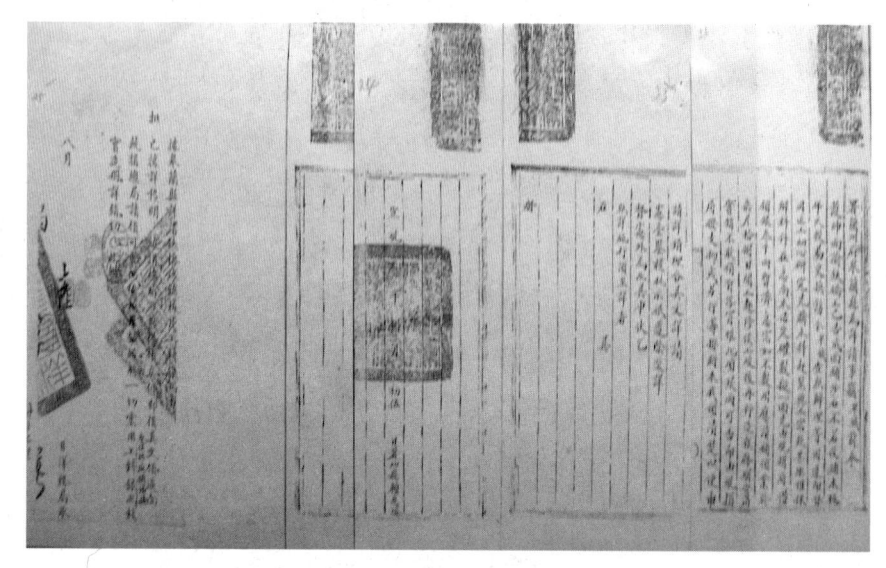

宣统元年八月初五皋兰知县赖恩培造具铁锹路面改铺木板采办原料先从统捐总局借款的拨支详册

本月初四日车辆开行,谨次电陈"。然后才说:"再,桥面工程系用碎石和土铺压木板之上,臣蕃曾咨询监工洋人及各匠,再三考察,碎石伤木,恐难持久,不如去土石加添木板,以便随时更换。复经督员切实讲求,即不敢吝惜小费,总期保护行人,悉臻安稳。"七月二十四日,他将此电文"照会"甘肃藩(即他自己)、臬二司和洋务总局,正式表明要改造铁桥路面,原因有两个:一是"碎石伤木,恐难持久",二是"以便随时更换"。并没有讲不符合设计要求。第四,毛庆蕃把铁桥路面改造工程交给皋兰知县赖恩培去办理,赖恩培"奉护帅面谕",即于七月底开始,"一面雇夫将桥上沙石起去",一面采购木板等材料。八月五日,赖恩培致详彭英甲,请求从统捐局先借支兰平银3000两,"俟工竣后再造报"。九月十七日,铁桥路面改造工程竣工,总共花去兰平银4113.975两,赖恩培再致详彭英甲请审核报销。甘肃洋务总局批:"已据详会同臬、藩司、农工商矿局,移明统捐局,照数找发矣(因原已借支3000两,故称"找发")。可见,铁桥路面改铺木板工程,是"雇夫"起去沙石,并非由"德商刮去石子";另雇石木"匠工银616.735两(兰平银)";全部费用是由统捐总局报销,并不在16.5万两之内;铁桥末期价款行平银5万两,则早已于七月十五日汇至天津协同庆,八月十五日如数交付给了天津泰来洋行,未见扣除分毫。所以,整个铁桥路面改铺木板工程一事,根本就与德商和铁桥施工的洋工华匠中的任何人无丝毫关系,纯系甘肃官方对竣工后的铁桥单独进行的改造,更没有"加铺一层木板后,签署验收凭证"的事情。第五,无论从主观理论还是从客观效果看,铁桥路面改铺木板都是错误的,纯属画蛇添足的败笔。"碎石伤木",还有沙土缓冲;而万马铁蹄,却直敲击撕扯木板,更难耐久。事实上,不到一年,宣统二年(1910年)六月,铁桥木板就进行换修。在兰州高寒干燥的气候条件下,木板上铺碎石沙土,应该是比较耐久的,也不存在换修难的问题。第六,毛庆蕃是醉翁之意不在酒,"咨询监工洋人及各匠,再三考察"云云,不过是在找彭英甲的茬子,以诋毁一下声名雀起的彭英甲。在改造工程施工上,更露骨地越过"一手经理"铁桥创修事宜的彭英甲,直接"面谕"皋兰知县赖恩培去办理,以昭示"没有彭英甲,照样干成事"。彭英甲对此十分明白,采取了保持沉默的态度。而赖恩培作为积极支持彭英甲的干将,又处处尊重彭英甲,致详彭英甲借支改造工程经费和报销有关款项,事实上是在向彭英甲汇报工作。彭英甲为顾全赖恩培的面子,使他不至太为难,就让洋务总局批准赖恩培的详文,却就是不落一字,不留一句话,这与他向来事必躬亲的作风形成鲜明的对照。

在兰州黄河铁桥的研究中,诸如此类的问题还有不少,鉴于有的问题对研究黄河铁桥意义不大,有的问题已有很多史料足可澄清,在此就不一一去说明了。这些问题的产生,原因是多方面的,而其中重要原因之一，就是查阅兰州黄河铁桥的原始档案。仅凭少许二手资料和传说，就立意谋篇，安有不以讹传讹，问题层出之理。这些问题并不可怕，更不能因噎废食，有系统完整的档案存在，"而今迈步从头越"，进一步扩大兰州黄河铁桥研究的层面，并在深度和准确性上下工夫，正当其时。

后 话

兰州黄河铁桥1909年建成至今,已有百余年的历史。百余年来,兰州黄河铁桥历经风风雨雨。1928年以前,兰州黄河铁桥完全保持了它建成时的原有形态和面貌。从1928年开始,随着兰州和甘肃的社会、经济、政治、文化的发展,其变化就逐步展开,不仅是多方面的,而且越来越大,越来越深刻。

首先,是名称的改变。兰州黄河铁桥建成后,一直称兰州黄河铁桥。1928年(一说1942年),纪念孙中山先生,将铁桥更名为"中山桥",沿用至今。

其次,是部分结构和外观面貌的改变。1935年,当兰州黄河铁桥正式肩负起全省以致西北地区公路交通枢纽的重任时,铁桥两端的牌厦这个不伦不类的东西,因有碍各种汽车通行而不得不拆除,使铁桥又恢复到德人交付甘肃时的原貌。兰州黄河铁桥的修建者是德国,保固八十年,因而,兰州黄河铁桥原本是很健康的。1940年抗战时期,日本侵略者本来还在山西那边,根本没有到兰州来,可他仗着有飞机,就从陕西飞到兰州来丢炸弹,硬要和咱兰州人过不去,毁坏了兰州黄河铁桥的2号桥墩和钢桁架上部构建,逼得我们不得不大修,使年轻的兰州黄河铁桥从此有了伤疤。1941年秋天,一辆汽车在桥上爆炸,烧毁了部分桥面和纵梁,又大修,当然又是一个伤疤。1949年8月26日兰州战役,炮弹击中了桥上的国民党两辆军车,车上有弹药,燃成大火,烧毁了桥南头两孔十八节木桥面和部分纵梁,一根斜拉杆被炮火击断,使交通中断,当然又得大修了。不过,那个大修的阵势可少见:立马进行,由中国人民解放军第一野战军副参谋长李克夫领导,工程师任震英为技术总负责,还带了24个工程师和技师,都是大人物,加上300多号人,星月为灯,连夜抢修,只用了10天时间,就抢修完毕。兰州黄河铁桥伤了点筋,但还不能说动了骨。1950年,北端两桥墩顶端出现裂缝,要算是铁桥本身的质量问题,当然与前三次损毁不无关系,反正是我们自己维修。1954年,对兰州黄河铁桥可说是进行了一次彻底大修,并同时进行了加固。这次大修,其蕴酿准备工作,始于1950年北端桥墩顶出现裂缝处理之后,一方面严格控制行车速度和载重量,另一方面就决定对铁桥进行大修和加固,有领导有组织有计划地进行加固施工准备。又是一个热闹场面。1951年请苏联专家别罗包诺夫视察,他一下就提出了四个方案,有的方案比新修一座新桥还麻烦,比如在现有4墩5孔中每孔增建一桥墩变成9墩10孔;在桥架杆件上包一沉混泥土,把铁桥变成钢筋混泥土桥等等。只有第四方案还算可行,在原桥上加拱架,1954就是用这一方案加固铁桥的,也就是现在兰州黄河铁桥的样子。因德国人建桥时没有给我们留下铁桥的设计图和施工图,1954年的大修和加固之前我们还对铁桥各部进行了彻底的测量,搞清了尺寸;又对铁桥的受损情况进行了彻底的检查,包括前几次爆炸和大火的损害与影响,并补建起黄河铁桥的技术档案。1954年的大修加固工程于4月1日开工,6月12日完工,技工116人,普工141人,加上领导和工程技术人员共300

多人，穿梭于桥上桥下，铁桥下游还搭建了一座维持施工期间交通的牛皮筏子浮桥，甚为壮观。施工中，不仅在桥上加上了拱架，将荷载提高至汽10级，而且更换了桥面板，铺设了沥青路面，又除锈防腐，修饰一新，使兰州黄河铁桥，旧貌变新颜，似脱胎换骨般精神抖擞。1989年，兰州黄河铁桥已届80高龄，德商保固80年的期限已满，兰州市市政管理处鉴于铁桥杆件老化、损伤甚多、荷载能力日降，于7月9日提出了具有八项内容的全面维修加固方案，请专家审议。不料，8月9日一艘自重260吨的供水船因失控撞击铁桥，造成铁桥十几处损伤，交通中断。兰州市政府组织抢险，恢复交通后，于1990年9月1日至12月15日，投资138万元，按原方案对铁桥进行了全面维修加固，人行道加宽至2.10米。1992年，为办好首届丝路节，市政府决定拓修北滨河路，在铁桥北端东西两侧修建了长90米，伸入河床9米，总面积806.04平方米的水榭式广场，将原桥碑移建于新建广场西端，又在桥南端西侧建一石灰岩体新碑，高4.7米，宽1.1米，碑座莲花盛开，碑额二龙戏珠，碑阳镌甘肃书法家黎泉书"黄河第一桥"，碑阴刻关振兴撰文黎泉书写的《黄河第一桥碑记》，面貌为之一新。2009年，兰州黄河铁桥历经百年风雨，桥墩老化腐蚀，病害严重，抗震防洪能力严重不足，兰州市政府用时6个半月，再对铁桥进行了全面维修加固，重点采取了4个维修加固措施。一是为了提高防洪能力，桥面维持原状，5跨桁架拱桥上部结构整体提升1.2米。二是为保护文物原形，在桥墩加固方面，凿除原表面带病害的混凝土外包层，保留主要钢筋，植筋后包30厘米厚的混凝土，并对表面混凝土进行了仿面效果处理，维持原样。三是在桥墩加固的基础上，桥墩顶整体现浇筑混凝土提高1.2米。四是在桥南、桥北广场采取顺坡处理，保证广场与中山桥进行顺接；广场地面采用花岗岩面砖重新铺设；桥面沥青分两层铺设，沥青中添加聚酯纤维，以保持沥青层良好的整体性。

七次大修，两次由战争损坏引起，两次由意外事故损坏而引起，一次为加固铁桥而大修，一次为改造铁桥而大修，由桥本身质量所引起的大修只有一次。所有大修，两次由国民党甘肃省政府进行，5次由新中国甘肃省和兰州市人民政府进行，德商并没有参与主持过大修。对原建桥合同中关于"保固80年"的承诺，可作这样的评价：基本实现。

其实，兰州黄河铁桥最大的变化是其功能、地位的渐变。兰州黄河铁桥刚建成时，虽然对改变祖国西北交通运输起着重大作用，但更多的还是商旅车马行人渡过兰州黄河的工具。1927年，以兰州黄河铁桥为中心枢纽，修筑兰平（兰州至平凉）、兰肃（兰州至九泉）、兰湟（兰州至青海湟源县）、兰宁（兰州至宁夏）等4条汽车路。由于汽车较少，道路等级低，实际上是较高等级的马车道路网。不管如何，兰州黄河铁桥开始成为整个甘肃以至整个西北的交通运输枢纽。

从1935年起，逐步修建以兰州为中心的公路网，西兰、甘新、甘宁、甘青、甘川等公路，均以兰州黄河铁桥为唯一贯通和连接要冲，汽车交通运输的比重大为上升。由此，兰州黄河铁桥，正式成为甘肃和整个西北交通运输的枢纽，商旅车马行人过河的津渡作用退居其次。此后，随着经济、政治、社会、军事、文化的发展，这种枢纽作用在程度和分量上不断加重。尤其是新中国建立后，国民经济的恢复和发展日新月异，交通运输量直线上升，兰州黄河铁桥的负荷日益增加。1954年至1956年，兰新铁路河口黄河铁路桥、包兰铁路桑园峡黄河铁路桥、兰青铁路八盘峡黄河铁路桥相继建成，分担了兰州黄河铁桥的载荷，但铁路的庞大运输需求更刺激了公路运输的发展，使兰州黄河铁桥的荷载量反而增长，直至1958年达到顶点。其间，虽有几次维修和加固，提高了黄河铁桥的负载能力，但负载能力的提高赶不上运输需求的发展，兰州黄河铁桥已到了不堪负荷的地步。1959年，建成兰州七里河大桥和新城黄河大桥，使兰州黄河铁桥的负荷有所分流减轻，但仍然承担着公路交通运输枢纽的重大任务。1979年，建成兰州黄河大桥，取代铁桥成为甘肃和西北公路交通运输的主要桥梁，黄河铁桥才卸下甘肃和西北公路交通运输枢纽的重担，退居为兰州市市内交通运输的桥梁之一。改革开放后，随着旅游业的发展，兰州黄河铁桥又担负起一项新的任务，就是做旅游景点。由此，兰州黄河铁桥的文化功能日益彰显。1989年，兰州黄河铁桥被列为市级重点保护文物；2005年，市政部门再次对中山桥进行维修加固，正式改为步行桥，并列为省级重点保护文物，它这才在96岁高龄的时候卸下运输重担，走上新的文化工作岗位。2006年，又被列为国家级重点保护文物，在文化领域大放异彩。

　　桥是什么？是由此岸达于彼岸的道路。现在，人们更为关注和感兴趣的，是从兰州黄河铁桥的历史和文化内涵中，去探求甘肃实施西部大开发战略、实现中国梦的方法和道路。这不，兰州黄河铁桥变来变去不还是一座桥吗！只不过过去是脚下的桥，现在变成了心中的桥。没办法，谁叫你生而为桥呢！

方　荣

2003年12月写于兰州

2014年8月改于兰州